R Wrzecionko

Der Grundgedanke der Ethik des Spinoza

R Wrzecionko

Der Grundgedanke der Ethik des Spinoza

ISBN/EAN: 9783743362291

Hergestellt in Europa, USA, Kanada, Australien, Japan

Cover: Foto ©Thomas Meinert / pixelio.de

Manufactured and distributed by brebook publishing software (www.brebook.com)

R Wrzecionko

Der Grundgedanke der Ethik des Spinoza

DER
GRUNDGEDANKE DER ETHIK
DES SPINOZA.

EINE UNTERSUCHUNG
ÜBER INHALT UND METHODE DER METAPHYSIK
ÜBERHAUPT UND DER METAPHYSIK DES
SPINOZA IM BESONDEREN.

VON

Dr. R. WRZECIONKO.

WIEN UND LEIPZIG.
WILHELM BRAUMÜLLER
K. U. K. HOF- UND UNIVERSITÄTSBUCHHANDLER.
1894.

Philosophische Werke
aus dem Verlage von
Wilhelm Braumüller, k. u. k. Hof- und Universitätsbuchhändler in Wien.

Barach, Dr. Carl Sigmund, Professor der Philosophie an der k. k. Universität in Innsbruck. **Kleine philosophische Schriften**, enthaltend: Hieronymus Hirnhaim. Ein Beitrag zur Geschichte der philosophisch-theologischen Cultur im siebzehnten Jahrhundert. — Zur Geschichte des Nominalismus vor Roscellin. Nach bisher unbenützten handschriftlichen Quellen der Wiener kaiserlichen Hofbibliothek. — Die Wissenschaft als Freiheitsthat. Philosophische Principlehre. gr. 8. 1878. 2 fl. — 4 M.

Brentano, Dr. Franz, Professor der Philosophie an der k. k. Universität in Wien. **Ueber die Gründe der Entmuthigung auf philosophischem Gebiete.** Ein Vortrag, gehalten beim Antritte der philosophischen Professur an der k. k. Hochschule zu Wien am 22. April 1874. gr. 8. 1874. 50 kr. — 1 M.

Carneri, B. Sittlichkeit und Darwinismus. Drei Bücher Ethik. gr. 8. 1871.
3 fl. 50 kr. — 7 M.
— — **Gefühl, Bewusstsein, Wille.** Eine psychologische Studie. gr. 8. 1876.
2 fl. — 4 M.
— — **Der Mensch als Selbstzweck.** Eine positive Kritik des Unbewussten. gr. 8. 1877. 2 fl. — 4 M.
— — **Grundlegung der Ethik.** gr. 8. 1881. 4 fl. 50 kr. — 9 M.

Carus, Dr. Karl Gustav, weil. Geheimer Rath, Leibarzt Sr. Majestät des Königs von Sachsen. **Natur und Idee** oder das Werdende und sein Gesetz. Eine philosophische Grundlage für die specielle Naturwissenschaft. Mit einer lithogr. Tafel. gr. 8. 1861.
Ermäßigter Preis 2 fl. — 4 M.
— — **Vergleichende Psychologie** oder Geschichte der Seele in der Reihenfolge der Thierwelt. Mit mehreren Illustrationen. gr. 8. 1866.
Ermäßigter Preis 1 fl. 50 kr. — 3 M.

Gerkrath, Dr. Ludwig, Privatdocent der Philosophie an der Universität in Bonn. **Franz Sanchez.** Ein Beitrag zur Geschichte der philosophischen Bewegungen im Anfange der neueren Zeit. gr. 8. 1860. 1 fl. — 2 M.

Günther, Dr. Ant. Gesammelte Schriften. Neue Ausgabe in 9 Bänden. gr. 8. 1882.
30 fl. — 60 M.
— — **Anti-Savarese.** Herausgegeben mit einem Anhange von Peter Knoodt. 8. 1883. 3 fl. — 6 M.

Knauer, Dr. Vincenz, Professor der Philosophie in Wien. **Geschichte der Philosophie.** Mit besonderer Berücksichtigung der Neuzeit. Zweite verbesserte Auflage. gr. 8. 1882. 3 fl. — 6 M.
— — **Robert Hamerling** gegen den Pessimismus Schopenhauer's und Hartmann's. Vortrag. gr. 8. 1892. 40 kr. — 70 Pf.
— — **Die Hauptprobleme der Philosophie** in ihrer Entwicklung und theilweisen Lösung von Thales bis Robert Hamerling. Vorlesungen, gehalten an der k. k. Wiener Universität. gr. 8. 1892. 4 fl. 80 kr. — 8 M.

Knoodt, Dr. P., o. ö. Professor der Philosophie an der Universität in Bonn. **Günther und Clemens.** Offene Briefe. 3 Bände. 8. 1853. 1854. 6 fl. — 12 M.
— — **Anton Günther.** Eine Biographie. In 2 Bänden. Mit dem Bildnisse Anton Günther's. 8. 1881. 6 fl. — 12 M.

Lerch, Dr. Matthäus F., Religionsprofessor am k. k. Gymnasium in Komotau. **Das Wesen der Menschenseele.** Eine Vorschule für empirische Psychologie. gr. 8. 1871.
1 fl. — 2 M.

DER GRUNDGEDANKE DER ETHIK DES SPINOZA.

EINE UNTERSUCHUNG
ÜBER INHALT UND METHODE DER METAPHYSIK ÜBERHAUPT UND DER METAPHYSIK DES SPINOZA IM BESONDEREN.

VON

Dr. R. WRZECIONKO.

WIEN UND LEIPZIG.
WILHELM BRAUMÜLLER
K. U. K. HOF- UND UNIVERSITÄTSBUCHHÄNDLER.
1894.

„Niemand versucht es, eine Wissenschaft zu Stande zu bringen, ohne dass ihm eine Idee zum Grunde liege. Allein in der Ausarbeitung derselben entspricht das Schema, ja sogar die Definition, die er gleich zu Anfang von seiner Wissenschaft giebt, sehr selten seiner Idee; denn diese liegt wie ein Keim in der Vernunft, in welchem alle Theile noch sehr eingewickelt und nur der mikroskopischen Beobachtung kennbar verborgen liegen. Um deswillen muss man Wissenschaften, weil sie doch alle aus dem Gesichtspunkte eines gewissen allgemeinen Interesse ausgedacht werden, nicht nach der Beschreibung, die der Urheber derselben davon giebt, sondern nach der Idee, welche man aus der natürlichen Einheit der Theile, die er zusammengebracht hat, in der Vernunft selbst gegründet findet, erklären und bestimmen. Denn da wird sich finden, dass der Urheber und oft noch seine spätesten Nachfolger um eine Idee herumirren, die sie sich selbst nicht haben deutlich machen und daher den eigenthümlichen Inhalt, die Articulation (systematische Einheit) und die Grenzen der Wissenschaft nicht bestimmen können.« *Kant.*

„Es ist ein ergreifendes Gefühl, welches sich des echten Freundes der Philosophie bemächtigt, wenn er alles Menschliche in sich rege macht, um den Pulsschlag des ewig Lebendigen und den Wechselzug des eigenen und des Weltgeistes in der Leidenschaft strebender, sich sammelnder und von Neuem strebender Forschung zu spüren.« *R. Haym.*

INHALT.

	Seite
I. Über Inhalt und Methode der Metaphysik im Allgemeinen.	
1. Fragestellung und Grundlegung	3
2. Die Principien der Metaphysik Kants und seiner Nachfolger	11
3. Der Inhalt der Geschichte der Metaphysik	23
4. Das Princip des menschlichen Gemüths	26
5. Die Idee des Philosophen	31
II. Über Inhalt und Methode der Metaphysik des Spinoza.	
1. Einleitung	35
2. Die Principien des Pluralismus und des Monismus	37
3. Der Erkenntnisprocess als Weltprocess	41
Anmerkung und Exkurse	47

I.

UEBER
UND METHODE DER METAPHYSIK
IM ALLGEMEINEN.

1. Fragestellung und Grundlegung.

Die erste Aufgabe, die der Erforscher der Natur zu erfüllen hat, ist, des Materials der Thatsachen, die er erforschen will, sich bewusst zu werden, die zweite Aufgabe, die Gesetze aufzusuchen, nach welchen die Veränderungen in diesem Material vor sich gehen. Das Material der Naturwissenschaften liegt vor in den Dingen, die uns durch die Sinneswahrnehmung und zwar besonders durch den Gesichtssinn gegeben werden. Natur ist der Inbegriff der Dinge, sofern sie mittelbar oder unmittelbar Gegenstände unserer Sinne sein können. Diejenigen Gegenstände der Natur, die uns nicht unmittelbar durch Sinneswahrnehmung gegeben sind, werden vorgestellt als Gegenstände möglicher Sinneswahrnehmung, wie Moleküle oder Atome oder als Gegenstände, die nach Analogie der Gegenstände möglicher Sinneswahrnehmung gebildet werden, wie der Lichtäther. Auf die Gegenstände der Natur ist das Experiment und die mathematische Bestimmung anwendbar. Experiment ist jene Art der Beobachtung, die sich vollzieht durch Isolirung der Ursachen und Wirkungen eines Causalzusammenhanges von Vorgängen. Bedingung der mathematischen Bestimmung ist die Reduction auf gleichartige Elemente und Festlegung der Massstäbe. Das Wirkliche, das uns durch den Gesichtssinn und den Tastsinn gegeben wird, fügt sich der Eigenthümlichkeit der Grössenbeziehung, auf gleichartige Elemente zurückführbar zu sein. Infolgedessen kann es mathematisch bestimmt werden. Das System der Natur — System ist die einheitlich angeordnete Darstellung von Thatsachen — ist ein lebendiges, insofern der Inbegriff der dem System zu Grunde liegenden Thatsachen in jedem Bewusstsein realisirbar ist und jeder sich durch Beobachtung, Experiment oder Rechnung von der richtigen Deutung überzeugen kann.

Die Resultate der anderen Wissenschaften und ganz besonders die Resultate der Metaphysik können nicht zu der gleichen Evidenz erhoben werden, wie die Resultate der Naturwissenschaften. Alles, was die Sicherheit der Resultate der Naturwissenschaften bedingt, die breite Basis der Erfahrung, das Experiment und die Rechnung, geht der Metaphysik ab. Während die Entwicklung der Naturwissenschaften eine stetige, nur zeitweise durch den Irrthum gehemmte ist, scheint das artbildende Merkmal der Resultate der Metaphysik der Irrthum zu sein. Jedes System der Philosophie setzt eine ganz eigenartige Erklärung des Wirklichen an die Stelle der Erklärungen der früheren Systeme. Der Forscher darf sich nicht begnügen, diese Thatsachen der Metaphysik und ihren geschichtlichen Zusammenhang einfach darzulegen. Der Physiolog begnügt sich nicht damit, die Thatsache zu constatiren, dass ein Reiz von den peripheren Enden der Nerven zu dem Centralorgan des Nervensystems geleitet wird, sondern er sucht die Gesetze und die Natur dieser Leitung festzustellen. Dem Philosophen erwächst die Aufgabe, die Natur und die Gesetze der metaphysischen Erkenntnis zu erforschen. Oft scheinen die Resultate der Metaphysik ganz willkürliche zu sein. Einer der bedeutendsten modernen Denker, Spinoza, mit dessen Philosophie wir uns im zweiten Theil unserer Abhandlung beschäftigen werden, um die Natur und die Gesetze der metaphysischen Erkenntnis an einem bestimmten Falle klarzulegen, hat die Lehre aufgestellt: Ein Modus des Denkens und ein Modus der Ausdehnung sind ein und dasselbe Ding unter verschiedenen Attributen betrachtet, obgleich ein Modus des Denkens und ein Modus der Ausdehnung nichts mit einander gemein haben. Dies bedeutet so viel als: Zwei Dinge, die nichts miteinander gemein haben, sind ein und dasselbe Ding. Eine der feststehendsten Erkenntnisse des menschlichen Geistes ist: Zwei Dinge, die nichts mit einander gemein haben, sind nicht ein und dasselbe Ding. Wie ist dieses geistige Phänomen zu erklären?

Wenn auch die Geschichte der Methaphysik die Geschichte einer geistigen Krankheit wäre, so müsste der Denker die Natur und die Ursachen dieser Krankheit aufsuchen, ebenso wie ein Psychiater die Natur der verschiedenen Krankheiten des Geistes erforscht, um Mittel zur Heilung derselben angeben zu können.

Um die Berechtigung der verschiedenen metaphysischen Annahmen zu beurtheilen, müssen wir eine feste Grundlage suchen, von der aus wir urtheilen können, und auf der das Neue gebaut werden kann. Die Erkenntnis der Grundlage muss eine Scheidung des Irrthümlichen und des Berechtigten in der Metaphysik ermöglichen. Diese kritische Grundlage ist das menschliche Gemüth in seiner ganzen Weite und Tiefe.

Ich frage: Was ist mir unmittelbar gewiss? Antwort: der Zustand, das ist die Bestimmtheit meines Gemüths oder — anders ausgedrückt: der Inbegriff der selbsterlebten Thatsachen. Wenn ich mir alles dessen bewusst zu werden suche, was mir aus den verschiedenen Quellen der Sinne und des Selbstbewusstseins zugeflossen ist, wenn ich alles das zu umfassen suche, was überhaupt für mich Existenz hat, so kann ich dies nur dadurch, wenn ich sage: Es sind Thatsachen, die ich selbst erlebt habe. Der Himmel, die Erde, der eigene Körper existiren nur deshalb für mich, weil ich sie erlebe, weil in meinem Gemüth ein Process vorgeht, der mich zwingt, ihnen Realität beizulegen. Die gewaltigste Naturerscheinung und das flüchtigste Gefühl, weltverändernde Ereignisse und Mittheilungen über die fernste Begebenheit sind selbsterlebte Thatsachen. Unter dem Ausdruck Idee will ich im Folgenden Zustände des Gemüths, d. h. selbsterlebte Thatsachen oder alles das verstehen, was in mir ist, und dessen ich mir unmittelbar bewusst bin.

An der Existenz der Ideen kann ich nicht zweifeln. Ob die Sonne unabhängig von mir existirt, weiss ich nicht. Dass aber die Sonne eine Idee ist, dass mir ihr Dasein als Erlebnis verbürgt ist, das weiss ich gewiss.

Wenn ich mich auf mich selbst zurückziehe, so befinde ich mich im Zustande der höchsten Gewissheit. Welche wissenschaftliche Ansicht ich immerhin über den Inhalt meines Gemüths haben mag, das ist gewiss, Denken, Wollen, Handeln, Vorstellen, Zweifeln oder wie die Ausdrücke lauten mögen, sind Ideen. Wenn ich denke, so bin ich mir der Realität des durch das Denken gesetzten Zustandes meines Gemüthes unmittelbar bewusst. In gleicher Weise bin ich mir der Realität des durch das Empfinden, Fühlen, Wollen u. s. w. gesetzten Zustandes unmittelbar bewusst.

Diese Ansicht ist ebenso unabhängig von aller Metaphysik, wie sie über jeder Metaphysik steht. Selbst der Materialist müsste zugeben, dass alles in erster Linie als sein Zustand, d. h. als Idee aufgefasst werden muss. Über das diesen Zustand bewirkende oder über die absolute Natur dieses Zustandes mag er seine Sondermeinung haben.

Aus dem Gesagten folgt nur die Realität meines eigenen Gemüths. Ich könnte den Schluss ziehen, dass ich das einzige Wesen bin, das Realität hat. Ich muss deshalb untersuchen, ob mir nicht ein Wesen gegeben ist, das ich ebenso erkennen kann, wie mich selbst und das mich zugleich über mich selbst hinausführen würde. Ich könnte nicht entscheiden, was wahr und was falsch ist, was gut und was böse ist und, wie die verschiedenen Streitfragen lauten mögen, die mein Gemüth bewegen, wenn ich nicht eine Norm hätte, die mich über mich selbst hinausführt. Wenn mir ein solches Wesen gegeben sein würde, welches von unendlicher Entwicklungsfähigkeit, von unendlicher und ewiger Weite und Tiefe sein würde, so müsste der Zweifel der höchsten Gewissheit weichen.

In meinem eigenen Gemüth ist das Wesen der Menschheit realisirt. Wenn ich nämlich die Ideen untersuche, so finde ich, dass sie verschiedene Geltung haben. Die Idee eines flüchtigen Gefühls hat eine andere Geltung als die Idee der Sonne. Der Idee der Sonne ist das immanent, was man gemeiniglich als Allgemeingiltigkeit und Nothwendigkeit bezeichnet. Ein Zwang, der den Ideen innewohnt und der weder durch eine Beziehung der Ideen untereinander, noch durch etwas ausser den Ideen Seiendes — jede Beziehung setzt zwei Beziehungspunkte voraus, ein ausser den Ideen Seiendes als zweiter Beziehungspunkt ist mir nicht gegeben — erklärt werden kann, zwingt mich, die Ideen als allgemeingiltig und nothwendig anzuerkennen, d. h. ihnen eine unabhängige Realität zu ertheilen. Diese Realität kann nur eine der Realität der mir immanenten Ideen gleiche sein. Eine andere Realität kann ich nicht setzen. Die Sonne z. B. hat

Realität als Idee, d. h. als Erlebnis der Menschheit oder derjenigen Wesen, die mit der Menschheit gleiche Organisation haben. Was die Sonne unabhängig von allen sie wahrnehmenden Menschen ist, kann niemand wissen. Wenn der Mensch es wüsste, würde er Sonne sein und nicht Mensch. In gleicher Weise finden sich in meinem Gemüth viele andere Ideen, die durch ihre eigene Natur sich als allgemeingiltige und nothwendige Geltung verschaffen, d. h. Ideen, die mit der Forderung auftreten, als solche anerkannt zu werden, die Bestandtheile uns ähnlich oder gleich organisirter Wesen sind.

So erweitert sich der Zustand meines eigenen Gemüths in Folge der eigenthümlichen Natur der Bestandtheile dieses Gemüths zum Gemüthe der Menschheit. In meinem eigenen Gemüth sind Ideen gesetzt, in denen ich das Wesen der Menschheit erkenne. Damit ist nicht die Behauptung in dogmatischer Weise hingestellt: Es gibt nichts ausser dem Gemüth der Menschheit. Es ist nur eine Grundlage gelegt worden, die gewiss ist. Etwas Festes muss man haben, wenn man urtheilen will. Im folgenden Abschnitte werden wir sehen, dass diese Grundlage immerhin fester ist als die Grundlagen der verschiedenen anderen Systeme.

Man könnte annehmen, dass uns die Wissenschaft über die Grenzen der Menschheit hinausführe. Die Wissenschaft ist aber nichts anderes als eine gewisse Bestimmtheit des Gemüths und zwar ein Inbegriff von Vorstellungen, die sich von allen anderen Vorstellungen durch gewisse Merkmale unterscheiden. Die Vorstellungen der Wissenschaft werden herausgearbeitet aus den Vorstellungen des gewöhnlichen Lebens. Während die Vorstellungen des praktischen Lebens nicht allgemein giltig sind, sondern subjectiv bedingt sind, d. h. Merkmale in sich fassen, deren Zusammensetzung von der jeweiligen Lebenslage abhängt, werden die Vorstellungen der Wissenschaft mit bewusster Reflexion gebildet. Sie bestehen nicht aus zufälligen Merkmalen, sondern aus solchen, die durch sorgfältige Analyse als charakteristisch erkannt werden.

Nicht nur die Realität der Ideen ist mir gewiss und mir in meinem Gemüthe gegeben, sondern auch die Verhältnisse der Ideen und besonders das allgemeinste Verhältnis. Das ist mir gewiss: Unter den Ideen herrscht ein gewisser Zusammenhang, d. h. unter den Ideen herrscht Einheit. Der einzig mögliche Beweis dieser Behauptung ist der Hinweis. Diese Annahme ist deshalb eine so selbstverständliche, weil mir dieser Zusammenhang in meiner Lebenseinheit unmittelbar gegeben ist.

Es liesse sich sehr wohl der Fall voraussetzen, dass eine solche Einheit nicht herrscht, dass die einzelnen Ideen in gar keinem Zusammenhange stehen. Aber, wenn ich mir die Einheit, die unter den einzelnen Ideen herrscht, wegdenken würde, so müsste ich in demselben Momente mein Dasein als vernichtet ansehen. Wenn ein absoluter Geist die Eigenschaft der Einheit der Ideen, die mein Sein bilden, aufheben würde, so würde er auch mein Sein aufheben; denn mein Sein wird eben dadurch gebildet, dass die Ideen im Zusammenhange sind. Was diese Einheit bewirkt oder worin diese Einheit begründet ist, kann nicht durch theoretische Erklärungen dargelegt werden.

Die in meinem Gemüth herrschende Einheit muss ich in gewissem, wenn auch nicht in demselben Sinne, erweitern auf das Gemüth der ganzen Menschheit. Wenn die Ideen verschiedener Wesen nicht im Zusammenhang wären, so müsste jedes einzelne Individuum sich nur als einzelnes fühlen. Dies ist aber nicht der Fall, denn gewisse Ideen erweisen sich, wie wir früher gesehen, als Ideen der Menschheit. Wenn ein absoluter Geist diese Einheit zerstören würde, so würde er das Wesen der Menschheit zerstören, denn das Wesen der Menschheit besteht darin, dass es ein einheitlich organisirtes Ganzes ist.

Wir können es uns nicht versagen, der hier vorgetragenen Ansicht die speculative Vollendung zu geben, obgleich dies zum Verständnis des Folgenden nicht nöthig ist.

Wenn ich das menschliche Gemüth und das Gemüth der Wesen, aus denen sich das menschliche Gemüth entwickelt hat, und zu dem es sich entwickeln wird, also den absolut genommenen Inbegriff der Ideen mit Substanz bezeichne und die verschiedenen, das Wesen der Substanz constituirenden Seiten des menschlichen Gemüths, wie sie uns etwa auf unserer Entwicklungsstufe als Inbegriff der Ideen des Gesichtssinnes oder des Gehörsinnes oder des Selbstbewusstseins u. s. w. gegeben sind, mit Attribut, so kann ich die Behauptung aufstellen: die Substanz besteht aus unendlich vielen Attributen, deren jedes in seiner Art unendlich ist. Auf der Entwicklungsstufe, auf der ich mich jetzt befinde, ist mir nur eine bestimmte Anzahl von Attributen und eine bestimmte Anzahl von Ideen, die die Attribute constituiren, gegeben. Die Entwicklungszeit des menschlichen Gemüths ist die Ewigkeit. Die Entwicklungstiefe des menschlichen Gemüths ist die Unendlichkeit.

2. *Die Principien der Metaphysik Kant's und seiner Nachfolger.*

Die speculative Kraft der Menschheit hat zu keiner Zeit so Bedeutendes geschaffen, als in der Zeit von 1781 bis zur Gegenwart. Die Metaphysik dieser Zeit ist eine Geschichte der Metaphysik in verjüngter Gestalt. Wir wollen deshalb die Metaphysik dieser Zeit näher kennen lernen, um die Gesetze der metaphysischen Erkenntnis überhaupt zu erkennen.

Kant und seine Nachfolger sehen die Ideen als Erscheinungen an und setzen als Wesen eine Realität, die die Erscheinung bewirkt. Das ist eine sich selbst widersprechende Behauptung. Wenn ich sage: der Inbegriff der Ideen als Erscheinung ist gewirkt durch eine transscendente Realität, so ist diese Aussage auch gewirkt durch eine transscendente Realität, denn der Inbegriff aller Ideen als Erscheinung ist gewirkt durch eine transscendente Realität. Diese Aussage wiederum u. s. w. Wir erhalten eine unendliche Reihe. Oder: Wenn ich den Inbegriff der Ideen als Erscheinung setze, so muss in mir die transscendente Realität als Wesen realisirt sein. Wenn ich zwei Dinge mit einander vergleiche, d. h. das eine als Wesen setze, das andere als Erscheinung, so müssen mir doch beide Beziehungspunkte, das Wesen sowohl als die Erscheinung, gegeben sein, damit ich das eine als Wesen, das andere als Erscheinung setzen könnte. Wenn die transscendente Realität in mir als Wesen realisirt wäre, so wäre der Inbegriff der Ideen als Inbegriff der Ideen nicht Erscheinung, sondern Wesen,

oder die transscendente Realität wäre nicht transscendente Realität, sondern Erscheinung. Warum ist der Inbegriff der Ideen Erscheinung? Einen Grund dafür hat weder Kant, noch seine Nachfolger, noch je ein Mensch überhaupt angegeben. Warum kann der Inbegriff der Ideen nicht das Wesen sein? Warum kann nicht gerade das Innere, das Gemüth, das Wesen sein? Auf diese Frage darf nicht geantwortet werden: Das Gemüth ist das Wesen. Diese Behauptung verfiele demselben Fehler, den wir oben angegeben. Der Denker kann nur sagen: Das menschliche Gemüth ist das dem Menschen einzig gegebene Erkennbare. Nur in diesem Sinne kann der Ausdruck Substanz auf das Gemüth der Menschen angewendet werden.[1]*
So finden wir gleich am Eingange der Metaphysik Kant's und seiner Nachfolger einen Begriff, der ähnliche logische Widersprüche in sich birgt, wie die causa sui des Spinoza.

Ihrem Begriffe nach ist die Metaphysik Kants und seiner Nachfolger die Lehre vom wahrhaft Seienden, das die Erscheinungen wirkt oder die Lehre vom Ding an sich, wie Kant dieses wahrhaft Seiende auch nennt.[2] Im Folgenden wollen wir die Frage beantworten: Was ist das Ding an sich bei Kant und seinen Nachfolgern? Man sollte eigentlich erwarten, dass die Philosophen besondere Offenbarungen über das Transscendente gehabt. Wir werden aber finden, dass die Philosophen die von uns gegebene Grundlage voraussetzen, und nur verschiedene Seiten des menschlichen Gemüthes in das Transscendente objectiviren, um aus denselben alle anderen Seiten abzuleiten.

Kant unterscheidet ein Transscendentes des Selbstbewusstseins und ein Transscendentes der Sinneswahr-

---

* Vgl. die Anmerkungen am Schlusse.

nehmung, wenn er auch die Frage als offen erklärt, ob nicht vielleicht das Transscendente des Selbstbewusstseins identisch ist mit dem Transscendenten der Sinneswahrnehmung. Das Transscendente der Sinneswahrnehmung setzt das Mannigfache der Sinnlichkeit. Das Transscendente des Selbstbewusstseins setzt die Einheit. Die Formen der Einheitsetzung sind die Kategorien. Das Transscendente ist das Wesen, das Ding an sich. Das Immanente ist die Erscheinung.

Ist im Ding an sich etwas gesetzt, was nicht im menschlichen Gemüth begründet wäre? Um das Wesen des Dinges an sich zu erkennen, müssen wir Folgendes erwägen.

Unsere ganze theoretische Weltanschauung besteht in einem collectiven Ganzen von Ordnungsreihen. Jede Ordnungsreihe wird gebildet durch die einander entweder über- oder untergeordneten Arten und Gattungen. Jeder Gegenstand lässt sich eingliedern in eine solche Ordnungsreihe, d. h. jeder Gegenstand hat einen bestimmten Ort in einer solchen Ordnungsreihe. Die einzelnen von einander getrennten Ordnungsreihen vereinigen sich zu immer höheren. Alle Ordnungsreihen laufen aus in die gemeinsame Spitze der Vorstellung des Gegenstandes überhaupt.[3]) Diese Vorstellung des Gegenstandes überhaupt in das Transscendente verlegt und dasselbe als das Immanente bewirkend gesetzt, d. h. auf dasselbe die Kategorie der Causalität angewendet, gibt das Ding an sich. Das Ding an sich Kant's ist also die allgemeinste, d. h. umfangreichste und inhaltärmste Abstraction des menschlichen Gemüths.

Je weiter nun die Philosophen zeitlich von Kant entfernt sind, desto mehr Aussagen werden von ihnen über das Transscendente gemacht. Das blosse Schema, das Kant gegeben, wird ausgefüllt. Kant zeitlich und geistig am nächsten steht Fichte.

Fichte benützt die von Kant gegebene Andeutung, dass das Transscendente der Sinneswahrnehmung identisch sein könnte mit dem Transscendenten des Selbstbewusstseins. In der Weise des Dogmatismus identificirt er beide und setzt als das eine Transscendente das absolute Ich. Die Grundlage der Metaphysik Fichte's ist die in das Transscendente objectivirte Eigenschaft der das Ich bewirkenden Einheit der Ideen. Diese Einheit wird als das All erschaffend, als absolutes Ich angesehen. Die Eigenschaft der Einheit ist inhaltleer, eine leere Form. Demnach ist das absolute Ich selbst ohne allen Inhalt. Der Inhalt wird durch dasselbe erst geschaffen. Das absolute Ich ist reine Thätigkeit. Alles Sein wird abgeleitet aus der Thätigkeit des absoluten Ich. Das Ding an sich Kant's wird bei Fichte zum absoluten Ich.

Nach Fichte ist die Natur ein Product des absoluten Ich. Der Schüler Fichte's, der geniale Schelling,[4]) setzt sich besonders gegen diesen Satz in Widerspruch. Nicht das absolute Ich ist das Transscendente, sondern die absolute Identität des Idealen und Realen. Der Widerspruch im menschlichen Gemüth zwischen dem Inbegriff der Ideen der Sinneswahrnehmung und dem Inbegriff der Ideen des Selbstbewusstseins wird dadurch aufzuheben gesucht, dass beide im Absoluten für identisch erklärt werden. Die absolute Identität des Idealen und Realen ist die Identität der beiden allgemeinsten Eigenschaften des Inbegriffs der Ideen der Sinneswahrnehmung und des Inbegriffs der Ideen des Selbstbewusstseins, nämlich dessen, was man Natur und Geist nennt. Diese Identität wird in das Transscendente als Ding an sich objectivirt, und aus derselben alles abgeleitet. Die Natur ist also nicht ein blosses Product des Absoluten, wie es Fichte angenommen, sondern ein potentieller Bestandtheil des Absoluten.

Zu einem gewaltigen System wird die Philosophie durch Hegel ausgebildet. Der Grundgedanke seines Systems ist: Alles ist Gedanke. Das Denken wird nach den ihm immanenten Gesetzen als sich entwickelnd dargestellt und jedes Sein als bestimmte Phase in diesem Denkprocesse, dieser Selbstentwicklung des Denkens aufgewiesen. Der Gedanke, d. i. die abstracte Vorstellung wird als Ding an sich erklärt.[5])

Bevor wir uns des Näheren mit dem Materialismus und dem Pluralismus, zwei Weltanschauungen, die zur exacten Behandlung der Probleme der verschiedenen Einzelwissenschaften sehr viel beigetragen haben, näher beschäftigen werden, wollen wir noch das Princip der Philosophie Schopenhauers anführen. Derselbe erklärt die Unterscheidung von Erscheinung und Ding an sich als das Hauptverdienst der Philosophie Kant's. Diese Sympathie für den Fehler Kant's hat wohl ihren Grund in dem Einfluss, den die entnervende Weltanschauung Indiens, die mit dem Gedanken spielt, dass alles Schein ist, auf Schopenhauer geübt hat. Wenn ein Mensch keine grossen Ideen hat, in denen er lebt, dann findet er, dass das Leben Schein ist, dass Nichtsein besser als Sein ist und wie die Redensarten alle heissen mögen. Auf Grund verschiedener Auseinandersetzungen mit Kant kommt Schopenhauer zu dem Resultate, dass das Ding an sich der Wille ist, und die Welt seine Erscheinung. Schopenhauer stellt sich somit in eine Reihe mit allen genannten Denkern, indem er eine Seite des menschlichen Gemüthes als Weltgrund in das Transscendente objectivirt.

Zum Verständnis des Materialismus der immer wieder seit Demokrit mit dem Anspruche auftritt, die einzig mögliche Weltanschauung zu sein, sei Folgendes vorausgeschickt.

Die Ideen des Gesichtssinnes sind die entwickeltesten Ideen im Inbegriff der Ideen der Sinneswahrnehmung. Das Wirkliche, wie es uns durch den Gesichtssinn regulirt durch den Tastsinn gegeben ist, spielt in unserer Weltanschauung die erste Rolle. Die Ideen des Gehörsinnes, des Temperatursinnes, des Geruch- und des Geschmacksinnes erscheinen nur als Bestimmungen des Wirklichen, das uns durch den Gesichtssinn zum Bewusstsein gebracht wird. Die Wissenschaft sucht behufs exacter Bestimmung des Wirklichen die Ideen aller anderen Sinne zu ersetzen durch Ideen, die entweder durch den Gesichtssinn gegeben werden oder nach Analogie der Ideen desselben gebildet sind.

Der Ton, der uns das Wirkliche in einer anderen Form zum Bewusstsein bringt als der Gesichtssinn, wird ersetzt durch Schwingungen materieller Theilchen. Ich kann vom philosophischen Standpunkt weder sagen, der Ton ist ein Inbegriff von Schwingungen, noch der Ton wird gewirkt durch einen Inbegriff von Schwingungen, sondern nur, das gesetzmässig wirkende Wirkliche, wie es uns durch den Gesichtssinn als Schwingung materieller Theilchen (Schwingungen materieller Theilchen sind Gegenstände möglicher Sinneswahrnehmung) gegeben wird, wird uns durch den Gehörsinn als Ton gegeben.

Dasjenige, was den Vorzug der exacten Wissenschaften ausmacht, das Experiment und die mathematische Bestimmung kann nur auf Ideen des Gesichtssinnes und des Tastsinnes angewendet werden. Reduction auf gleichartige Elemente und Festlegung bestimmter Massstäbe, die Bedingungen der mathematischen Instrumentation, sind nur möglich auf dem Gebiete der Sinneswahrnehmung, speciell des Gesichtssinnes und des Tastsinnes. Wägen und messen lässt sich nur, was gesehen und betastet werden kann. Die exacten Wissenschaften verdanken ihren Aufschwung allein dem Umstande, dass sie ihrer Erforschung des Wirklichen das Weltbild zu Grunde legen, das uns durch den Gesichtssinn und den Tastsinn geboten wird.

Die Bedeutung des Materialismus liegt darin, dass er das Forschungsprincip der exacten Wissenschaften, die Materie zum Princip der Metaphysik erhebt.

Der Physiolog sagt: »Die ganze sichtbare Welt mit Einschluss aller Geschöpfe besteht aus der Materie d. h. aus dem Stoffe, der Substanz, die einen Raum ausfüllt. Wir unterscheiden ponderable Materie (in gewöhnlichem Sprachgebrauche oft schlechtweg Stoff genannt), welche auf die Waage drückt und imponderable Materie, die nicht auf die Waage drückt. Letztere nennen wir Aether.«[6]) Der Materialist macht daraus das metaphysische Princip: Das Wirkliche ist Materie.[7]) Auf der einen Seite steht fest, dass die exacte Bestimmung des Wirklichen keine Grenzen kennt, und dass uns die Zukunft vielleicht eine Anatomie und Physiologie des Gedankens bringen wird, indem die geistigsten Vorgänge als materielle Vorgänge nachgewiesen werden, auf der anderen Seite muss man sich wohl hüten, metaphysisches Capital daraus zu schlagen. Der Metaphysiker muss immer die Möglichkeit in Erwägung ziehen, dass die Menschheit den Gesichtssinn gar nicht oder ganz unausgebildet hätte. Dann würde uns das Wirkliche in einer ganz anderen Gestalt gegeben sein. Man kann sich immerhin Tonmenschen denken, denen das Wirkliche ein System von Tönen sein würde, regulirt und näher bestimmt durch Geschmäcke und Gerüche oder Ideen uns ganz unbekannter Sinne. Die Menschen hätten dann eine exacte Tonwissenschaft. Oder wir können immerhin annehmen, dass sich noch andere Sinne entwickeln werden, wie ein Astralsinn, dem gegenüber der Gesichtssinn nur eine untergeordnete Rolle spielen würde. Das sind bedeutungslose Phantasieen, die aber doch diese Bedeutung haben, dass sie uns vor metaphysischer Einseitigkeit bewahren.

Das Resultat: Der Materialismus objectivirt eine Seite des menschlichen Gemüthes, die letzten Bestandtheile der Ideen des Gesichtssinns, in das Transscendente und leitet alle anderen Ideen aus denselben ab. Das Ding an sich Kant's ist im Materialismus die Materie.[8])

So grosser Verbreitung sich auch der Materialismus erfreut, so wenig befriedigt er den in der Erforschung grosser Probleme, wie sie die Geschichte der Philosophie bietet, geschulten Denker. Es lag daher der Gedanke nahe, das Princip der exacten Forschung, die Materie, als Princip in die Philosophie in einer Form einzuführen, die sowohl für die exacte Wissenschaft als für die Philosophie annehmbar wäre. Man vergeistigte die Materie. Da ich von der Metaphysik Kant's und seiner Nachfolger spreche, so will ich von dem genialen Versuche des Leibniz absehen und nur von dem Principe der Philosophie Herbart's sprechen. Die Intentionen der Herbart'schen Metaphysik liegen schon in dem Namen. Sie ist die exacte Philosophie. Das Ding an sich Kant's ist im System der Herbart'schen Philosophie das Princip der exacten Wissenschaften die Materie in vergeistigter Form.

Zwei Fragen sind vor allem zu entscheiden:

1. Wir setzen voraus: Die Gegenstände der Philosophie sind einer exacten Behandlung nicht nur fähig, sondern auch bedürftig. Ist es erlaubt, die Realen als Ding an sich hinzustellen? Antwort: Nein. Die Realen würden nur den Anspruch erheben können, Forschungsprincip, regulatives Princip der Philosophie zu sein, nicht aber Ding an sich.

2. Sind die Gegenstände der Philosophie einer exacten Bestimmung fähig? Die Bedingungen der mathematischen Instrumentation, Reduction auf gleichartige Elemente und Festlegung bestimmter Masstäbe sind nur in einem Gebiet des menschlichen Gemüthes, im Gebiete der Ideen des Gesichtssinnes und des Tastsinnes möglich. Das ganze menschliche Sein, das Gemüth, der eigentliche Gegenstand der Philosophie ist ganz unfähig einer exacten Bestimmung.

Herbart geht wie Kant von der Erfahrung aus. Während aber Kant nur die Sinnlichkeit als gegeben ansieht, die Synthese dagegen auf eine gesetzmässige Thätigkeit des menschlichen Gemüths zurückführt, geht die Meinung Herbart's dahin, dass sowohl die sinnlichen Dinge als auch die Synthese gegeben ist. Während die anderen nachkantischen Philosophen einfach die Thatsache constatiren, dass die Zustände des Gemüthes Schein sind, gibt Herbart die Gründe dieser Annahme an. Die Erfahrung enthält Widersprüche. Das wahre Sein darf keine Widersprüche enthalten. Ich muss deshalb aus dem Schein auf ein Sein schliessen. Dies ist möglich, denn wieviel Schein soviel Hindeutung auf Sein.

Wir fragen: Warum darf das Sein keine Widersprüche enthalten? Kann nicht gerade dasjenige, was das Wesen des Seins ausmacht, der Widerspruch sein? Herbart ist nicht voraussetzungslos, denn er misst gleich am Anfange seiner Philosophie das gegebene Sein am Masse eines andern Seins. Dieses andere Sein ist die aristotelische Substanz, die als etwas Festes, Unveränderliches allem Sein zum Grunde liegen soll. Wir leugnen nicht, dass etwa der Fortgang der Untersuchung Herbart berechtigt hätte zur Annahme der aristotelischen Substanz. Am Anfang der Philosophie ohne vorausgehende Untersuchung darf er nicht angewendet werden.

Wir wollen ferner den Satz »Wieviel Schein, soviel Hindeutung auf Sein« näher betrachten. Dieser Satz hat zwei Seiten. Es lässt sich schwer gegen diesen Satz etwas einwenden, wenn er als Erfahrungssatz, d. h. als Resultat einer Untersuchung nach Erkenntnis eines Causalzusammenhanges aufgestellt wird. Es ist in der That so, dass der Schein auf ein Sein hinweist.

Der Satz erscheint aber in einem ganz anderen Lichte, wenn ich ihn als Forschungsprincip aufstelle. Was ist dem Physiker gegeben, wenn ihm nur der Schein der Regenbogenfarben oder dem Physiologen der Schein der subjectiven Gesichtsempfindung gegeben ist? Schein bleibt ewig Schein. Aus dem Schein werde ich durch Vernunftschlüsse nie das Sein finden. Umgekehrt, wenn dem Physiker oder dem exacten Forscher überhaupt nur das Sein gegeben ist, so ist ihm eben immer nur das Sein gegeben. Durch Schlüsse wird er aus dem Sein niemals den Schein bilden. Ich kann sagen: Durch den Schein ist mir weder das Sein noch durch das Sein der Schein gegeben. Der Forscher muss den Causalzusammenhang durch das Experiment oder durch Beobachtung vor sich sehen. Der Forscher muss sehen wie der Schein aus dem Sein hervorgeht. Es muss ihm gegeben sein 1. der Schein, 2. das Sein, 3. der Vorgang des

Hervorgehens des Scheins aus dem Sein. Wenn Newton nicht durch das Experiment das weisse Licht zerlegt hätte, wenn er also den Causalzusammenhang, der sich in der Natur abspielt, nicht wiederholt hätte, so würde er das Phänomen der Farbenzerlegung niemals erklärt haben.

Daraus ist zu ersehen, dass der Satz »Wie viel Schein soviel Sein« als Forschungsprincip ganz zu verwerfen ist. Wenn mir nicht das wahre Sein gegeben ist und der Hervorgang des Scheins aus dem wahren Sein, kann ich gar keine Behauptungen darüber aufstellen.

Nachdem Herbart alle Widersprüche in der Erfahrung aufgezählt, sucht er sich zunächst klar zu machen, wie das widerspruchslose wirklich Seiende beschaffen sein müsse. Nachdem er es construirt, erklärt er den Schein nach dem Princip, wie viel Schein soviel Sein aus dem wahren Sein der Realen.

Hier müssen wir wiederum fragen. Warum ist die widerspruchslose Welt der Realen wirklich? Was berechtigt mich, etwas, das ich oder die ganze Menschheit als widerspruchslos finde, als wirklich anzusehen? Herbart begeht denselben Fehler wie Anselm. Er objectivirt eine Vernunftwahrheit. Anselm objectivirt seinen Gott. Herbart objectivirt seine Realen. Die Methode ist dieselbe. Eine Wahrheit wird auf dem Wege der Erkenntnis gefunden und ohne weiteres, weil sie sich als Wahrheit ausweist, als wirklich angesehen. Anstatt die Wirklichkeit als Wahrheit zu erfassen, wird die Wahrheit als Wirklichkeit gesetzt.

Die ganze Metaphysik Herbart's durchzieht der Fehler, dass er die Realen mit Eigenschaften des menschlichen Gemüths ausstattet und dann diese Eigenschaften aus ihnen ableitet. Wenn er z. B. den Schein der Einheit der vielen Eigenschaften des Dinges damit erklärt, dass jedes der Realen nicht nur mit jedem der übrigen, sondern alle wiederum mit einem Bestimmten unter ihnen in Beziehung stehen, so ist dagegen geltend zu machen. Die Beziehung, in der die Bestimmungen des menschlichen Gemüths stehen, ist das erste und einzige. Wenn Herbart diese Beziehung nicht in seinem Gemüthe realisirt vorgefunden hätte, so würde er unmöglich diese Beziehung in die Realen hineingelegt haben.

3. Der Inhalt der Geschichte der Metaphysik.

Der Entwicklungsgang der Geschichte der Metaphysik ist ein Abbild des Entwicklungsganges des einzelnen Menschen. Das Kind ist sich seiner eigenen Individualität nicht bewusst. Sein Sein verliert sich in der Allgemeinheit der Menschheit. Alle Bestimmungen des Gemüths verbildlichen sich zu transscendenten Realitäten. Das Heranwachsen bewirkt ein intensiveres Bewusstwerden der eigenen Individualität. Bestimmungen des Transscendenten werden bewusste Bestimmungen des Innern.

Der allgemeine Charakter der Geschichte der Metaphysik ist in gleicher Weise der, dass der Denker Bestimmungen des eigenen Gemüts als transscendente Realitäten setzt und speculativ bestimmt. Das Denken verliert sich in der äussern Welt, um gesättigt in sich zurückzukehren. Durch die Bestimmung des Äussern wird das Innere vertieft. Umsonst hat kein Denker gedacht. Es ist in der Natur der Sache begründet, dass das intensive Verarbeiten einer Idee ihre Objectivation in das Transscendente bewirkt. Das, was im menschlichen Gemüthe webt und schafft, reisst sich von dem Gemüthe los und tritt als selbständige Realität der Menschheit entgegen. Die Welt ist ein Bild des menschlichen Herzens. Jede Bestimmung des Gemüths muss einmal objectiv werden, um in ihrer ganzen subjectiven Bedeutung erfasst und vertieft zu werden. Kein Wort, das ein Denker gesprochen, ist umsonst gesprochen für den, der die Sprache versteht. Wer die Sprache nicht versteht, dem ist der Ansturm des Geistes gegen die Ewigkeit ein aussichtsloses Beginnen.

Der Kenner begrüsst in jedem Denker eine Station auf dem Wege zu den Tiefen der Menschheit. Die Geschichte der Philosophie ist eine Systematik des menschlichen Gemüths in historischer Form, eine Geschichte der Auswicklung des menschlichen Innern.

Das Schauspiel der Verinnerlichung des Denkens wiederholt sich viermal im Laufe der Menschheitsentwicklung. Drei grosse Namen und eine Gruppe bedeutender Männer schliessen die vier Perioden ab, Socrates, Descartes, Kant, die Neukantianer. Von letzteren seien die Bedeutendsten und ihre bedeutendsten Werke genannt O. Liebmann (Kant und die Epigonen), R. Haym (Hegel und seine Zeit), B. Erdmann (Logik).

Der allgemeinste Inhalt der Metaphysik ist identisch in allen vier Perioden. Er kehrt immer wieder zurück, nur in reicherer, vertiefterer Form.

Von einem der grössten Philosophen ist eine dieser Auffassung der Geschichte der Philosophie entgegengesetzte geltend gemacht und mit einer wunderbaren Consequenz durchgeführt worden. Nach ihm ist das geschichtliche Werden ein Product unpersönlicher Ideen, ausgeführt mit Hilfe des selbstbewussten Menschen. Die erste Aufgabe des Historikers ist, diese Ideen aufzustellen. Die Geschichte ist der Ausdruck des gesetzlichen Wirkens der Idee.

Diese Methode kann nicht falsch genannt werden. Ein absoluter Geist, in dessen Sein das Wesen aller Dinge realisirt ist, mag diese Methode als die allein richtige erkennen. Diese Methode ist aber undurchführbar. Die Idee als treibender Factor ist subjectiv bedingt. Der Mensch wird sich der Idee nur bewusst, indem er sich seiner selbst bewusst wird. Das objective Sein ist dem Menschen nur gegeben in subjectiver Form. Nicht die Idee ist das Erste und die menschliche Natur das Abgeleitete, sondern die menschliche

Natur ist das Erste und die Idee ist das Abgeleitete. Der Masstab für die geschichtliche Betrachtung ist der Mensch, genauer die menschliche Natur. Das geschichtliche Geschehen ist bedingt durch die natürliche Beschaffenheit des Menschen. Die menschliche Natur ist ihrem Wesen nach die gleiche. Jeder Mensch hat in sich die Anlagen zum Verbrecher und zum Weisen. Wenn sich die menschliche Natur verändert, so ist die veränderte Natur etwas, das in der nichtentwickelten Natur bereits angelegt war. Eine entfernte Analogie zum Experiment hat auch der historische Forscher. Ebenso wie der Naturforscher im Experiment den Naturprocess wiederholt, in dem er die Wirkungen, resp. Ursachen eines Causalzusammenhanges isolirt, ebenso bildet der Denker die analogen Seiten seiner Natur durch die Phantasie weiter aus und construirt das Sein des Nebenmenschen in seiner eigenen Brust. Diese Methode befolgt jeder unbewusst, der ein Ereignis darstellt. Er könnte es ja gar nicht darstellen, wenn er nicht gemeinsame Eigenschaften mit dem das Ereignis Bewirkenden hätte. Wenn der Mensch eine Weltgeschichte der Affen oder eine Himmelsgeschichte der Engel oder eine Höllengeschichte der Teufel schreiben würde, so würde er nur das darstellen können, das Analogien in der Menschheit hat. Das menschliche Gemüth mit seinen Eigenschaften ist der Leitfaden zur Aufstellung der Principien eines Systems der Geschichte.

Dieses allgemeine Gesetz, angewendet auf die Geschichte der Philosophie, lautet: Dem Denker gestaltet sich das principielle Ergebnis seines Innern zum Weltprocess. Der Philosophichistoriker muss sich der Grundthatsachen eines Systems der Philosophie in seinem Innern bewusst werden. Das menschliche Gemüth in seiner ganzen Weite und Tiefe ist der Massstab der Beurtheilung der Geschichte der Philosophie.

4. Das Princip des menschlichen Gemüths.

Dem denkenden Betrachter des Alls erscheint alles als vergänglich. Alles, was geworden, was sich dem All entrungen, stürzt in den Abgrund des Nichts und nur das Nichts ist ewig. Die festen Umrisse des Wirklichen verschwimmen im Nebel. Eine Woge verschlingt die andere auf dem Meere des menschlichen Gemüths. Und doch, es muss ein Ewiges geben. Ich will thätig eingreifen in den Weltlauf. Wenn ich für mein Handeln nicht feststehende Normen hätte, dann gliche ich dem vom Sturme hin und hergepeitschten Rohre. Wenn die Menschheit keine Ewigkeit, keine ewigen Ziele kennen würde, dann würde sie an ihrer Vernichtung arbeiten.

Entreisse nur dem Herzen der Menschheit ihre sittlichen Ziele, so schaffst du am sichersten ihren Untergang. Und wenn es kein Ewiges gäbe, ich müsste es selbst schaffen.

Menschheit, suche das Ewige in deiner eigenen Brust. In dir selbst trägst du Ideen, die den Stempel der Ewigkeit tragen. Wenn die grosse Idee sich einmal deinem reinen Herzen entrungen, dann durchleuchtet sie das Menschheitsall, eint seine Wirksamkeit, reisst es empor zum Herzen der Gottheit. Ausruhen in grossen Ideen ist ausruhen am Herzen der Gottheit. Die Ideen sind nicht kalte und todte Bilder. Die Ideen sind lebendig und lebenschaffend.

Jedes System der Metaphysik ist ein Inbegriff von Ideen, der seinen Ursprung im menschlichen Gemüth hat. Wenn wir uns über die Bedeutung Klarheit verschaffen wollen, die die Metaphysik für das menschliche Gemüth hat, müssen wir uns des allgemeinsten Charakters oder wie man es auch nennen mag, des Princips des menschlichen Gemüths bewusst werden.

Wir wollen zuerst zur Veranschaulichung des Princips, wie es sich dem Philosophen, der für die Menschheit schaffen will, geziemt, mit den allgemeinsten und gewöhnlichsten Dingen beginnen.

Wenn ein Mensch einen Weg zu vollführen hat, so wird er diesen Weg in der Voraussicht vollführen, dass er das Ziel erreicht. Wenn er überzeugt sein würde, dass er dieses Ziel nicht erreicht, so würde er den Weg nicht machen. Darauf könnte man erwiedern: die Menschen machen oft Wege, obgleich sie fest wissen, dass sie das Ziel nicht erreichen werden. Darauf antworten wir: Dann machen sie den Weg nicht des Endzieles wegen, sondern wegen verschiedener Nebenziele, die sie verwirklichen wollen, und die sie als ihre Handlung bestimmend annehmen. Ja man kann weiter gehen und sagen: Jeder Schritt, den der Mensch auf seinem Wege thut, den thut er nur deshalb, weil er bestimmt voraussetzt, dass er den nächsten Schritt auch thun wird. Wenn der Mensch voraussetzen würde, dass er den nächsten Schritt nicht thun wird, so würde er auch den ersten Schritt nicht thun. Der Mensch handelt so, als ob er bestimmt wüsste, dass er das Ziel verwirklichen wird. Dies Wissen ist bestimmend für sein Handeln.

Alle Thätigkeit, die einfachste und die weitausgreifendste wird geregelt dadurch, dass der Mensch irgend ein Ziel, eine Idee als seine Handlung einheitlich bestimmend setzt. Wenn man den Menschen fragen würde, warum er dies thut, so würde er Gründe anführen. Schliesslich würde er aber antworten: Es ist so, weil ich will, dass es so ist oder Ich will, dass es so ist, weil es der Ausdruck meiner Natur ist.

Diesem Acte haben die Philosophen eine verschiedene Deutung gegeben. Spinoza findet in dem Acte der Selbstbestimmung Nothwendigkeit. Wenn sich der Mench für frei hält, so ist er mit einem fallenden Steine vergleichbar, der sich, wenn er Bewusstsein hätte, auch für frei halten würde. Spinoza unterscheidet aber doch zwei Arten von Unfreiheit, diejenige Unfreiheit, die durch einen äusseren Zwang und diejenige Unfreiheit, die durch innere Nöthigung hervorgerufen wird. Darin kommt die Thatsache zum Ausdruck, dass die Nothwendigkeit doch eine andere ist, wenn ich von jemandem einen Schlag bekomme, als die Nothwendigkeit, wenn ich mich zu einer edlen Handlung entschliesse.

Kant hat schroff innere Freiheit und äussere Nothwendigkeit einander entgegengestellt. In der Natur herrscht Nothwendigkeit. In den Entschliessungen des handelnden Menschen herrscht Freiheit. Die zwei Arten von Nothwendigkeit bei Spinoza werden einander schroff entgegengestellt als Nothwendigkeit und Freiheit.

Ob nun der Mensch frei oder gezwungen handelt in seinen Entschliessungen, die Thatsache ist von beiden Philosophen anerkannt, dass sich der Mensch beim Acte der Selbstbestimmung frei fühlt. Der Unterschied liegt darin, dass Spinoza dieses Gefühl als einen Irrthum ansieht und meint: Der Mensch ist nicht frei, trotzdem er sich frei fühlt, während Kant sagt, der Mensch ist frei, weil er sich frei fühlt.

Hat der Mensch die Fähigkeit, die Frage im Sinne Kant's oder im Sinne Spinoza's zu entscheiden? Spinoza reiht den Menchen ein als Glied einer allgemeinen Naturordnung. Ebenso wie der Stein sich für frei halten würde, wenn er herabfällt, und wenn er

Bewusstsein hätte, ebenso hält sich der Mensch für frei, obwohl er es nicht ist. Ebenso wie sich die Weltkörper für frei halten würden beim Durchlaufen ihrer Bahnen, ebenso hält sich der Mensch für frei. Hat Spinoza ein Recht dies zu behaupten. Nein. Die Thatsache der Selbstbestimmung ist für den Menschen eine Thatsache einzigartiger Natur. Die beiden Vergleichungspunkte, Thatsachen der Natur und Thatsachen der Selbstbestimmung sind verschiedener Natur. Von dem fallenden Stein und von allen Naturphaenomenen sind mir nur Vorstellungen gegeben. Von mir selbst ist mir das Innere gegeben, das Wesen. Vielleicht handelt der Stein ebenso frei, wie ich. Vielleicht gibt es im ganzen Naturorganismus überhaupt nichts als Freiheit. Gott, der einerseits das Innere des Steines und das Innere der Natur, andererseits das Innere des Menschen kennt, kann entscheiden. Niemals aber der Mensch. Ebenso wenig wie die Ansicht des Spinoza lässt sich die Ansicht Kant's aufrecht erhalten. Möglich ist es immerhin, dass alles dem Zwange der Nothwendigkeit unterliegt, und dass das Freiheitsgefühl nur eine Täuschung ist. Kant war eben auch nur ein Vergleichungspunkt gegeben: sein eigenes Inneres.

Die theoretischen Erörterungen führen zu keinem Resultate. Wenn ich eine Idee in mir fühle, die sich Geltung verschaffen will, d. h. die ausgeführt werden will, so frage ich bei der Ausführung auch gar nicht darnach, ob ich frei bin oder nicht. Ich führe die Idee aus, ohne mich erst viel zu fragen, ob in der Idee Freiheit oder Nothwendigkeit oder Identität von Freiheit und Nothwendigkeit oder, wie die Redensarten heissen mögen, liegt. Die Hauptsache ist, dass in den Ideen ein Etwas liegt, das verwirklicht werden will.

Dieser Thatsache geben wir eine principielle Deutung.

Das Princip des menschlichen Gemüths ist: Die Idee setzt Einheit. Die Realität der einheitsetzenden Idee ist eine praktische Wahrheit. Praktische Wahrheiten sind Wirklichkeiten, die ihre Wirklichkeit durch das Handeln der Menschheit erlangen. Der Mensch als handelndes Wesen ist fähig, durch eine Idee, die er in sich hat, Einheit zu setzen, indem er sie durchführt. Der Mensch sagt vom Standpunkt der Idee, oder besser gesagt die Idee sagt: Es ist so, weil ich will, dass es so ist. Der einheitsetzenden Idee ist das Bewusstsein, dass sie Einheit setzt, immanent.

Die Idee ist vor dem Ich des Menschen gegeben; denn zuerst muss der Mensch Ideen haben und dann kann er zum Bewusstsein seiner selbst gelangen. Der Mensch kommt nicht anders zum Bewusstsein seiner selbst, als indem er sich der einheitsetzenden Ideen bewusst wird. Es gibt nicht irgend ein transscendentes Ich, das die Ideen schafft, sondern die Idee schafft das Ich. Man kann den ersten Grundsatz deshalb auch so ausdrücken: Die Idee setzt das Ich.

Wenn wir den Inbegriff der einheitsetzenden Ideen Vernunft nennen, (der Inbegriff der verschiedenen Arten der Einheitsetzung, als der allgemeinsten Gesetze des menschlichen Gemüths ist der Verstand) so lautet das Princip: Die Vernunft setzt das Ich oder die Vernunft setzt die Einheit oder die Vernunft schafft den Menschen.

5. *Die Idee des Philosophen.*

Die Menschheit kommt in dreifacher Weise zum Bewusstsein ihres Wesens. Dieses Bewusstsein kann die Form des Gefühls, die Form der Anschauung und die Form des Begriffs annehmen. Ausdruck dieser drei Formen sind Kunst, Religion und Philosophie. Der Inhalt ist derselbe. Die Form ist verschieden. Wenn wir den Inbegriff der Ideen oder das Gemüth der Menschheit mit Substanz bezeichnen, so können wir sagen: Philosophie ist die begriffliche Darstellung des Wesens der Substanz. Da der Inbegriff der Ideen im absoluten Sinne sich nur im Einzelnen realisirt und nur in dieser Form gegeben ist, so ist die Philosophie der Philosoph. Der Philosoph ist das Organ, durch welches die Menschheit zum vollsten Bewusstsein ihres Wesens gelangt, denn alles, was ist, kann im Begriffe dargestellt werden. Der Philosoph stellt in seinem System — System ist die einheitliche Anordnung von Thatsachen und somit nur ein Abbild des menschlichen Ich — die Ideen seines eigenen Gemüthes und damit die Ideen des Gemüthes der Menschheit dar, insoweit sie in ihm realisirt sind. Menschen sind philosophische Systeme, philosophische Systeme sind Menschen.

Indem der Philosoph sein eigenes Wesen begrifflich darstellt, wird die einheitsetzende Idee seines Wesens, die einheitsetzende Idee seiner Philosophie. Das Princip des Systems der Philosophie ist die Vernunft des Philosophen. Die Vernunft des Philosophen ist die Vernunft der Menschheit. In der einheitsetzenden

Idee des philosophischen Systems ist der Zielpunkt der Wirksamkeit des Zeitalters gesetzt. In der einheitsetzenden Idee der absoluten Philosophie ist der Zielpunkt der Wirksamkeit der Menschheit gesetzt. Die absolute Philosophie ist der ins Unendliche ausgedehnte Inbegriff aller Philosophieen.

Die niedrigere Idee der Vergangenheit ist das Material, aus dem die Ideen der Zukunft sich aufbauen. In seiner eigenen Brust muss der Philosoph den Geist der Menschheit zum Leben erwecken und harmonisch einen, damit sich seinem Innern die höhere Idee entringt, die als Fackel den Weg der Menschheit zum Herzen der Gottheit erleuchtet. Wenn auch die Ideen der Vergangenheit in keinem Zusammenhange wären, der Denker müsste aus dem zusammenhanglosen Material eine neue Welt schaffen. Die Geschichte der Philosophie müsste in seiner Brust in verjüngter Gestalt ihre Auferstehung feiern.

Die Philosophie ist der Ausdruck der höchsten Form der Wirklichkeit. Die Menschheit erfasst nicht die Wirklichkeit, wenn sie sich im Aeussern verliert. Wirklichkeit ist nur das Gemüth. Der Mench belauscht im Gemüth das Wirken des Weltgeistes, das Weltenwerden. Die Sturmfluten der Ewigkeit, die das Innere der Menschheit durchwogen, im Innern des Philosophen glätten sich zum klaren See.

In freischaffender Thätigkeit setzt der Philosoph die Ziele der Menschheit. Was sich seinem Innersten entrungen, die Idee, die das Ewigkeitszeichen trägt, wird Wahrheit durch die Wirklichkeit des Philosophen.

II.

UEBER
INHALT UND METHODE DER METAPHYSIK
DES SPINOZA.

1. Einleitung.

UNTER den Philosophen verdient niemand in gleicher Weise den Titel der Philosoph, wie Spinoza. Niemand hat in gleicher Weise allen Regungen des menschlichen Gemüths begrifflichen Ausdruck verliehen als Spinoza. Wie S. Bach die ganze Welt in Tönen dargestellt hat, so hat sie Spinoza im Begriff dargestellt. Spinoza[9] besass unter allen Philosophen das tiefste Gemüth und er fand für die Tiefen desselben den klarsten Ausdruck.

Der Grundgedanke der Ethik seines Hauptwerkes, das das vollendetste philosophische Werk ist, das wir besitzen, ist: Das einheitsetzende Princip der Menschheit, das praktische Ziel der Menschheitsentwicklung ist die Erkenntnis. Durch die Erkenntnis ringt sich die Menschheit durch das Vergängliche zum Ewigen durch. Der Geist des Spinozismus ist der Geist des 17. Jahrhundert. Spinoza hat dem zum Ewigen emporstürmenden Erkenntnisdrange seiner Zeit, wie er in ihm Gestalt gewonnen, den classischen Ausdruck verliehen.

Das Sytem Spinoza's ist wahr, weil es wirklich ist. Das System Spinoza's ist nicht die ganze Wahrheit, weil es nicht die ganze Wirklichkeit ist. Kein Zeitalter hat die volle Wahrheit, denn die Wahrheit steht über der Zeit. Die Zeit ist auf dem Wege zur Wahrheit, zur vollen Wirklichkeit. Demgemäss hat auch jede Zeit ihre Philosophie, als die höchste Form der Wahrheit. Jede Philosophie ist eine tiefere Fassung der Philosophien der vergangenen Zeit, indem sie diese als Bestimmungen in sich aufnimmt. Weil sich die Menschenbrust weitet im Laufe der Jahrtausende, so wird der Philosoph gezwungen, immer tiefer hinabzusteigen in sein eigenes Selbst, um die Ideen heraufzuholen, die in dem zerstreuten Chaos Einheit setzen.

2. Die Principien des Pluralismus und des Monismus.

Spinoza hat seine Grundidee gefasst in die Form des Pantheismus. Charakteristisch für den Pantheismus ist die Lehre Spinoza's: Ein Modus des Denkens und ein Modus der Ausdehnung sind ein und dasselbe Ding unter verschiedenen Attributen betrachtet, obgleich ein Modus des Denkens und ein Modus der Ausdehnung nichts mit einander gemein haben. Während die Logik den Lehrsatz aufstellt: Zwei Dinge, die nichts mit einander gemein haben, können nicht ein und dasselbe Ding sein, lehrt Spinoza: Zwei Dinge, die nichts mit einander gemein haben, sind ein und dasselbe Ding.

Eine Erklärung der Lehre Spinoza's bietet die Lehre oder vielmehr das Erlebnis, das ich mit dem Cusaner coincidentia oppositorum nennen will, weil der Cusaner dieses Erlebnis zuerst beschrieben hat.[10]) Der Sinn desselben ist folgender: Nehmen wir an, die Substanz A bestehe aus den Theilen a b c. Der Theil a wird, wenn er vereinzelt genommen wird, sich von dem Theil b durch die Merkmale $\alpha \beta$ unterscheiden. Diese das a von b unterscheidenden Merkmale kommen dem a aber nur dann zu, wenn es vereinzelt aufgefasst wird oder vereinzelt wird. Wenn aber a und b zur Einheit zusammentreten, so kommen dem a diese Merkmale nicht zu, sondern a und b bilden ein in sich ununterscheidbares Ganzes. Wenn a und b zur Einheit N zusammengefasst werden (oder sich selbst zur Einheit zusammenfassen), so bleiben in der Substanz A nur die beiden Gegensätze N und c. Wenn sich nun N von c durch die Merkmale ε, ζ unterscheidet, so haben diese Merkmale nur insoweit Wirklichkeit als N dem c entgegengesetzt wird. Wenn es sich mit dem c zur Einheit vereinigt, so bildet A ein in sich ununterscheidbares einheitliches Ganzes ohne alle inneren Unterschiede.[11])

Die entgegengesetzte Form einer Weltanschauung ist der Pluralismus. Er behauptet: Die Einheit, mit der das Viele verbunden ist, ist eine falsche Einheit. Diese Einheit ist zu zerstören. An ihre Stelle ist eine verbundene Vielheit zu setzen. Das was einheitlich ist, muss erklärt werden durch die verschiedenen Beziehungen der verschiedenen Theile der Vielheit.

Wie sind diese einander ausschliessenden Philosopheme zu erklären? Wenn ich mir meiner selbst bewusst werden will, so muss ich mir meiner selbst als eines in verschiedenen Zuständen identischen Wesens bewusst werden. Die Vielheit der Ideen ohne Einheit würde zu keinem Bewusstsein führen. Wenn ich mir meiner selbst als eines identischen Wesens bewusst werden will, so muss ich mir als ein verschiedenfach bestimmtes Wesen zum Bewusstsein kommen. Die leere Einheit ohne Vielheit lässt es zu keinem Bewusstsein kommen. Das menschliche Gemüth besteht aus einer Vielheit einheitlich geordneter Ideen. Vielheit und Einheit sind die beiden entgegengesetzten Eigenschaften des menschlichen Gemüths.

Diese beiden Eigenschaften werden in den Weltanschauungen des Pluralismus und des Monismus in das Transscendente objectivirt und als Form verwendet, in der das All angeschaut wird. Der Pluralismus objectivirt die Eigenschaft der Vielheit der Bestimmungen des Gemüths in das Transscendente. Der Monismus objectivirt die Eigenschaft der Einheit der Ideen in das

Transcendente. In der Natur der Sache liegt es, dass jede der beiden Weltanschauungen einen Fehler begeht. Der Monismus macht zwar die Einheit, nicht aber die Vielheit der Dinge begreiflich. Der Pluralismus macht zwar die Vielheit der Dinge, nicht aber die Einheit begreiflich. Wenn der Pluralismus die Causalität, die nach dem Früheren eine bestimmte Form der Einheit ist, mit der praestabilirten Harmonie der Monaden oder mit der Selbstbehauptung der Realen erklären will, so spricht er damit Worte, leere Worte aus, die das Räthsel nur in andere Worte kleiden, nicht lösen. Auf einer höheren Entwicklungsstufe der Menschheit mag die Lösung gegeben sein. Wir kennen sie nicht. Wer sie zu kennen glaubt, täuscht sich nur selbst.

Der angeführte pantheistische Grundgedanke nimmt in der Ethik Spinoza's folgende Gestalt an. Alles, was ist, ist Gott. Gott ist in sich ewig, unveränderlich, unverursacht. Das Vergängliche ist nicht. Alles, was ist, ist ewig.[12]) Insofern das Einzelne sich als Einzelnes erfasst, setzt es sich in einen Gegensatz zu anderem Einzelnen. Der Fluch der Vereinzelung des Menschen ist die Wirkung der Affecte, d. i. der Gefühle, die das Einzelne setzen. Je mehr der Mensch sein Sein durch die Erkenntnis erweitert, desto mehr entzieht er sich dem Fluche des Einzelseins, um aufzugehen in die Ewigkeit der Gottheit. Alles, was ist, stürzt in den Abgrund der einheitlichen Substanz, wo es sein bestimmtes Sein verliert. Auch der höchste Gegensatz von Denken und Sein hat in der Substanz keine Geltung.[13])

Man kann zur genaueren Bestimmung des Wesens der Substanz eben wegen dieses von Spinoza als höchsten anerkannten Gegensatzes sagen: Die Substanz ist das einheitliche Sein, in welchem der höchste

Gegensatz, der von Denken und Sein aufgehoben ist. Es war eine geniale Würdigung und zugleich Vorahnung der Erfolge der exacten Wissenschaft, dass Spinoza das ausgedehnte Sein, das heisst das Sein, wie es ihm durch den Gesichts- und Tastsinn zum Bewusstsein kam, metaphysisch für gleichwerthig erklärte mit dem denkenden Sein. Spinoza gab der exacten Forschung die metaphysische Weihe.

3. Der Erkenntnisprocess als Weltprocess.

Das Hauptproblem wird gelöst durch die Lösung dreier Nebenprobleme, des psychologischen, des erkenntnistheoretischen und des metaphysischen. Das erkenntnistheoretische Problem bildet den Uebergang von dem psychologischen zu dem metaphysischen. Das Erkennen vermittelt zwischen Gott und Mensch.

Der Mensch besteht aus Seele und Körper. Dasselbe Verhältnis, wie es sich beim Menschen findet, findet sich bei jedem anderen Einzelding. Jedes Einzelding besteht wie der Mensch aus Seele und Körper. Je nach der Realität, die ihm zukommt, ist jedes Einzelding verschieden beseelt.[14]) Näheres darüber jedoch wie die Vorstellungen, die die Seele der übrigen Körper ausmachen, beschaffen sind, erfahren wir nicht. Spinoza fasst sehr viele Zustände der Seele, wie das Unbewusste[15]) und die sinnliche Anschauung als körperliche[16]) und nicht als seelische Zustände auf. Die Grundeigenschaft der Seele ist das Denken, d. h. das abstracte Vorstellen. Unter das Denken sind auch die Gefühle gefasst. Gefühle sind verworrene Vorstellungen. Das Gefühl ist gebunden an die Vorstellung, jedoch nicht die Vorstellung an das Gefühl, d. h. das Gefühl, kann nicht ohne Vorstellung auftreten, jedoch die Vorstellung ohne Gefühl.[17])

Zwischen Körper und Seele existirt kein Verhältnis der Wechselwirkung, sondern die Ordnung und Verknüpfung der Zustände des Körpers ist dieselbe wie die Ordnung und Verknüpfung der Zustände der Seele.[18]) Die Seele leidet nicht, sondern bildet selbstthätig die Vorstellungen aller der Zustände, welchen der Körper ausgesetzt ist.[19])

Die Seele ist nicht etwa ein einfaches Wesen im Sinne der von Kant bekämpften Wolf'schen Metaphysik, sondern ein Inbegriff von Vorstellungen[20]) und zwar von Vorstellungen, die das wirkliche Sein der Dinge ausdrücken. Der erste Zustand, in welchem sich die Seele befindet, ist also eine Vorstellung und zwar die Vorstellung eines in der Wirklichkeit seienden Dinges, eines Körpers.[21]) Die Vorstellungen sind mit Selbstbewusstsein verbunden, d. h. der Mensch weiss, dass er Vorstellungen hat. Das Selbstbewusstsein ist die Vorstellung der Vorstellungen der Affectionen des Körpers. Da die Seele nichts anderes ist, als ein Inbegriff von Vorstellungen der Affectionen des Körpers, so fasst die Seele ihre Natur dann auf, wenn sie sich dieser Vorstellungen der Affectionen des Körpers bewusst wird.[22])

Die Vorstellung einer Vorstellung hat nicht dieselbe Realität, wie die Vorstellung selbst. Sie ist vielmehr die Vorstellung, insofern sie aufgefasst wird als ein Zustand der Seele und nicht in ihrer Beziehung zum Körper.[23])

Die menschliche Seele fasst den Körper so auf, wie er ist, d. h. sie fasst alle die Zustände auf, in welchen sich der Körper befindet.[24]) Je geschickter ein Körper ist, mehreres zugleich zu thun und zu leiden, desto geschickter ist der Geist desselben, mehreres zugleich aufzufassen,[25]) denn da die Seele alle Zustände des Körpers auffasst, so wird sie desto mehr auffassen, je verschiedener die Zustände des Körpers sind.

Unser Körper wird von vielen anderen Körpern afficirt. Der äussere Körper ist die Ursache, der Zustand unseres Körpers die Wirkung. Da die Wirkung die Ursache einschliesst.[26]) So wird jede Affection unseres Körpers sowohl die Natur des äusseren Körpers, als die Natur unseres Körpers einschliessen. Da die Affection die Zustände beider Körper einschliesst, so wird durch die Affection weder eine adaequate Vorstellung unseres Körpers, noch eine adaequate Vorstellung des äusseres Körpers gesetzt.[27]) Die Vorstellungen der Affectionen des menschlichen Körpers sind also verworrene Vorstellungen. Ebenso ist dann auch das Selbstbewusstsein verworren.

In Gott sind keine falschen Vorstellungen. Gott fasst die Vorstellungen der Dinge, wie sie sind, in sich. Der Inbegriff der Vorstellungen Gottes zerfällt aber in Wirklichkeit in die Vorstellungen so vieler Individuen als es Menschen und weiter als es Dinge gibt, denn jedes Ding ist beseelt. Je weniger ein einzelnes Individuum von den Vorstellungen Gottes in sich fasst, je kleiner der Theil ist, den es von den Vorstellungen Gottes in sich realisiren kann, desto mehr verfällt das Individuum dem Irrthum, der Gottentfremdung. Die Vorstellungen eines Menschen als solche sind nicht falsch, denn sie sind ein Theil der Wahrheit. Sie sind nur insoweit falsch, als sie aufgefasst werden an sich, losgerissen aus dem Zusammenhang.[28]) So sind die Vorstellungen der Affectionen des Körpers an sich nicht falsch. Durch sie wird sowohl ein Theil der Natur des äussern Körpers, als ein Theil der Natur unseres Körpers ausgedrückt. Sie wären aber dann falsch, wenn wir behaupten wollten, dass wir durch die Affectionen unseres Körpers sowohl den äusseren Körper, als unseren Körper ganz erkennen.

Dabei ist die Voraussetzung gemacht, dass die Natur des äusseren Körpers und die Natur unseres Körpers verschieden sind. Wenn beide Naturen identisch wären, so würde die Erkenntnis jedenfalls eine adäquate sein, denn dann würde die Vorstellung der Affection nur eins darstellen, nämlich das, was beiden Körpern identisch ist, also sowohl den äusseren Körper ganz, als unseren Körper ganz. Ebenso verhält es sich, wenn beide Körper etwas Gemeinsames haben. Dieses Gemeinsame wird in dem Verschiedenen adäquat erkannt.

Demnach gibt es 2 Arten der Erkenntnis:
1. Auffassung des Einzelnen.
2. Auffassung des Gemeinsamen.

Die zweite Art der Erkenntnis zerfällt wieder in zwei Arten, in a) Auffassung des einigen Gegenständen Gemeinsamen und in b) Auffassung des allen Gegenständen Gemeinsamen. Die Erkenntnis der ersten Art ist, wie sich aus dem Vorhergehenden ergibt, Ursache des Irrthums. Die Erkenntnis der zweiten Art ist Wahrheit. Das Kriterium der Wahrheit ist der Vorstellung immanent. Ich kann nicht wissen, dass ich ein Ding erkannt habe, wenn ich es vorher nicht wirklich erkannt habe, d. h. wenn das Kriterium des Erkannthabens nicht der Vorstellung immanent wäre.

Gemäss den drei Arten der Erkenntnis kann das Einzelsein zu der Substanz in eine dreifache Beziehung treten. In der Natur der Sache liegt es, dass diese Beziehung nur eine dreifache sein kann. Alles, was ist, ist in der Substanz. Die Grundbeziehung ist die Beziehung des Seins der Substanz zu dem Einzelsein. Das Einzelsein, insofern es vereinzelt genommen wird, hat sein wahres Sein von der Substanz und sucht dieses Sein zu behaupten. Die beiden anderen Beziehungen entstehen dadurch, dass das Sein einer weiteren Vereinzelung unterliegen oder dass es sein Sein gegen die Substanz hin erweitern kann, indem es immer mehr die Vereinzelung aufhebt. Diese drei Beziehungsarten des Seins zu der Substanz sind die Affecte. Der Grundaffect, das Sein, d. h. die Wesenheit des Seins selbst, insofern als es in dieser bestimmten Beziehung, in der es zu der Substanz steht, beharren will, ist die Begierde. Die Beziehung des Vereinzeltwerdens, d. h. des Uebergangs aus einer der Substanz näheren Beziehung in eine fernere, ist der Affect der Trauer. Der umgekehrte Vorgang ist der Affect der Freude. Die Affecte selbst sind der Erkenntnisprocess.

Der Weltprocess ist ein Abbild des Erkenntnisprocesses. Die Affecte haben kosmische Bedeutung. Sie stellen die Bewegung in der Substanz dar. Spinoza hat aber, da er eine Ethik schreiben wollte, diese seine Lehre nur in Beziehung auf den Menschen durchgeführt.

Wenn der menschliche Geist die Dinge erkennt, erweitert er seine Realität gegen die Substanz hin, denn Denken ist das Wesen des Geistes. Je mehr der Geist die Dinge erkennt, desto mehr fasst er das den Dingen Gemeinsame auf, desto mehr wächst er in die Gottheit hinein, desto mehr entäussert er sich des Einzelseins. Alle Bewusstseinsinhalte sind Vorstellungen. Die Affecte sind verworrene Vorstellungen. Die Affecte (sc. der Affect der Trauer) bewirken im menschlichen Geiste Vereinzelung. Wenn wir uns eine klare und bestimmte Vorstellung der Affecte bilden, d. h. wenn wir durch die Erkenntnis das den Dingen Gemeinsame auffassen und unsere Realität so der Gottheit annähern, so wird dadurch der Affect selbst beseitigt. Gottesnähe wirkt Seelenruhe.

Der amor intellectualis ist das Aufgeben des Einzelseins und das Aufgehen in Gott durch die Erkenntnis. Indem wir das, was allen Dingen gemeinsam ist, erkennen, verschwinden in unserem Geist alle Unterschiede. Wir sind Gott.

ANMERKUNGEN UND EXCURSE.

¹) Man kann in diesem Sinne sagen: Substanz ist der Inbegriff des für die Menschheit Erkennbaren.

²) Zuerst definirt Aristoteles die Metaphysik als Wissenschaft vom wahrhaft Seienden. (cf. E. Zeller, Die Philosophie der Griechen II. Th. II. Abth. 3. A. p. 273).

³) cf. darüber B. Erdmann Logik Bd. I. Logische Elementarlehre p. 137. Der Verfasser hat diesem Buche nicht nur diese Bestimmungen, sondern auch diejenigen Bestimmungen, welche sich auf die Charakteristik der Wissenschaft überhaupt und der Naturwissenschaften im Besonderen beziehen, entnommen.

⁴) Es ist schwer, eine Entscheidung darüber zu fällen, welche Philosophie eigentlich als die Philosophie Schelling's ausgegeben werden kann, da Schelling in jedem seiner Werke einen veränderten Standpunkt einnahm. Falkenberg in seiner trefflichen Geschichte der neueren Philosophie (p. 346) meint, es müssten wenigstens drei verschiedene Philosophien unterschieden werden. Wenn man aber bedenkt, dass Schelling in der ersten Periode seines Schaffens Schüler Fichte's, in der letzten Periode Anhänger verschiedener gedankentrüber Gnostiker war, so ist es wohl berechtigt, wenn man von einer originellen Philosophie Schellings spricht, nur die Identitätsphilosophie als solche zu bezeichnen (wenn auch diese gar sehr die Spuren ihrer Abhängigkeit von Spinoza an der Stirne trägt.)

⁵) Von Schleiermacher, der das menschliche Gefühl in das Transscendente objectivirte, glaube ich, in dieser Abhandlung absehen zu können, da ich darüber in der Dissertation »Die metaphysische Bedeutung der Gefühlstheorie in Schleiermachers Dialektik« Breslau 1890 ausführlich gehandelt habe. Ich habe darin den Beweis zu erbringen gesucht, dass Schleiermacher nicht ein Eklektiker war, sondern ein eigenthümliches philosophisches Princip, das Gefühl, das ihm durch seine religiöse Überzeugung gegeben wurde, metaphysisch auszugestalten versuchte, dies jedoch nur in unvollkommener Form that, da er viele andere Philosopheme

mit seinem Princip in Einklang zu bringen versuchte, die mit demselben unvereinbar sind. In neuerer Zeit hat, unabhängig von Schleiermacher, F. Ritter von Feldegg diesen Standpunkt geltend gemacht. (cf. Das Verhältnis der Philosophie zur empirischen Wissenschaft von der Natur. 1894).

⁶) Landois Lehrbuch der Physiologie des Menschen. 8, A, p. 2.

⁷) In neuester Zeit nehmen einige Philosophen anstatt der Materie den Aether als Welterklärungsprincip (Ding an sich) an. So Schlesinger in der Abhandlung »Thatsachen und Folgerungen aus dem Wirken des allgemeinen Raumes« (Mittheilungen aus dem Osterlande V. Bd. Altenburg 1892) vgl. darüber das mit grosser Begeisterung geschriebene Büchlein »Der Monismus als Band zwischen Religion und Wissenschaft von Ernst Häckel.«

Wenn die Naturwissenschaft noch ein drittes Erklärungsprincip fände, so würde sicherlich auch dieses als Material zum Aufbau eines philosophischen Systems verwendet werden, ebenso wie alle geistigen Bestimmungen, selbst die unbedeutenderen, wie das Unbewusste (E. v. Hartmann) oder die Phantasie (Froschhammer) philosophische Baumeister zur Thätigkeit angeregt haben.

⁸) Der Materialismus widerlegt sich selbst, wenn er consequent gefasst wird und führt auf den von uns dargelegten Standpunkt. Wir geben zu: Es existirt nichts als in Bewegung begriffene materielle Theilchen. Gewisse Sinnesorgane sind verschieden entwickelt bei dem Menschen und bei gewissen Thieren, wie der Geruchsinn. Der Materialist wird zugeben müssen, dass das Wirkliche wie es uns durch den Geruchsinn zum Bewusstsein kommt, ein anderes ist bei gewissen Thieren als bei uns. Wenn der Materialist die Subjectivität bei dem Gesichtssinn zugeben würde, würde er sich widersprechen. Die Materie, wie wir sie annehmen, könnte etwas von der Beschaffenheit des Gesichtssinns Abhängiges sein.

⁹) Die Erklärungen der Ethik Spinoza's würden nebeneinandergestellt eine Skala bilden. Auf dem einen Endpunkt dieser Skala befindet sich die tiefsinnige Interpretation Hegels in seinen Vorlesungen über Geschichte der Philosophie, auf dem anderen die scharfsinnige Interpretation Ueberwegs in seinem Grundriss der Geschichte der Philosophie. Dem scharfsinnigen Ueberweg geht jedes Verständnis des Tiefsinnigen in der Ethik ab. Die Erklärungen des Begriffs causa sui und des Satzes omnis determinatio est negatio beweisen nur seine Unfähigkeit, dieselben zu verstehen.

Dem tiefsinnigen Hegel geht jedes Verständnis für das Scharfsinnige der Ethik ab. Er feiert den Begriff causa sui als Gipfel des speculativen Denkens. Man könnte es fast als ein Naturgesetz des Geistes betrachten, dass kritische Denker und speculative Denker einander nicht verstehen. Der eine Geist findet nur Unterschiede, der andere Geist findet nur Einheit.

Es sei dem Verfasser erlaubt, auf diejenigen Arbeiten hinzuweisen, denen er sein Spinozaverständnis verdankt: Camerer die Lehre Spinoza's 1877. Kuno Fischer Geschichte der neueren Philosophie I. Bd. II. Th. 3. A. R. Zimmermann über einige logische Fehler der spinozistischen Ethik, Studien und Kritiken zur Philosophie und Aesthetik I. Bd. 1870 [abg. a. d. Sitzungsber. d. hist.-phil. Cl. der k. Adademie d. Wiss. z. Wien Ig 1850 Octoberh. u. Ig. 1851 Aprilh.]

[10]) vgl. über die coincidentia oppositorum: R. Zimmermann: Der Cardinal Nicolaus Cusanus als Vorgänger Leibnizens (eod. l. p. 66) (abg. a. d. Sitz.-Ber. d. phil.-hist. Classe der k. k. Ak. d. Wiss. z. Wien VIII. B.)

[11]) Ein vor kurzem verstorbener berühmter Chirurge beschreibt in einem nach seinem Tode veröffentlichten Briefe an einen seiner Freunde den Zustand, wie die Unterschiede der Dinge schwinden und der Mensch in das Allleben der Natur zu versinken scheint. Diesen Worten liegt dasselbe Erlebnis zu Grunde, wie es der coincidentia oppositorum und der Lehre Spinoza's zu Grunde liegt. Wer den Pantheismus verstehen will, muss den Pantheismus erlebt haben.

[12] Nach der Lehre des Spinoza existirt alles, was ist, in Ewigkeit. Wir wollen uns dies verbildlichen. Wir ziehen einen Kreis. In diesem Kreis sind unendlich viele Halbmesser möglich. Die Idee eines Halbmessers existirt nur, insofern die Idee dieses Kreises existirt. Wir ziehen einen Halbmesser. Dieser Halbmesser unterscheidet sich von allen andern Halbmessern dadurch dass er reale Existenz hat. Man unterscheidet demnach ein doppeltes Sein, ein Sein dem Wesen nach (sc. das Sein der unendlich vielen möglichen Halbmesser) und ein Sein der Existenz nach (sc. das Sein der wirklichen Halbmesser). Das Weltenwerden ist der Übergang aus dem Sein dem Wesen nach zum Sein der Existenz nach.

Diese Unterscheidung geht auf Aristoteles zurück.

»Es handelt sich auch hier um die alte Frage nach der Möglichkeit des Werdens. Aus dem Seienden scheint nichts werden zu können, denn es ist schon, aus dem Nichtseienden nicht, denn aus nichts wird nichts. Dieser Schwierigkeit lässt sich nach Aristoteles nur dadurch ausweichen, dass wir sagen, alles, was wird, werde aus einem solchen, das nur beziehungsweise ist und beziehungsweise nicht ist. Dasjenige, woraus etwas wird, kann nicht schlechthin ein Nichtseiendes sein, es kann aber auch noch nicht das sein, was erst daraus werden soll, es bleibt also nur übrig, dass es dieses zwar der Möglichkeit, aber noch nicht der Wirklichkeit nach ist.« (Zeller. l. c. II. B. II. Abth. p. 315) In unserem Falle kommt den unendlich vielen Radien, die noch nicht gezogen sind, ein Sein der Möglichkeit nach, dem Radius, der gezogen wurde, ein Sein der Wirklichkeit nach zu. »Alles Werden ist ein Übergang der Möglichkeit in die Wirklichkeit.« (l. c.)

Spinoza's Darstellung ist in diesem Punkte nicht immer consequent. Einerseits wird zugegeben, dass die Einzeldinge, abgesehen von ihrem Sein ihrer Existenz nach, ein Sein in der Substanz haben (sc. ein Sein der Möglichkeit nach P. II pr 8) — Camerer nennt gegen den Wortlaut aber im Geiste der Ethik dieses Sein der Einzeldinge in der Substanz das Wesen der Dinge — andererseits wird auf diese Bestimmung nicht nur kein sonderliches Gewicht gelegt, sondern der Gegensatz zwischen der Substanz und den Einzeldingen oft so scharf hervorgehoben ganz gegen den Geist der Lehre, dass jede Beziehung aufgehoben zu sein scheint.

Noch unklarer ist aber die Erklärung der Art und Weise des Weltenwerdens. Nach Spinoza folgen die Einzeldinge aus der Substanz wie aus dem Wesen des Dreieckes folgt, dass seine Winkel zwei Rechten gleich sind. Der Erkenntnisgrund wird an Stelle des Realgrundes gesetzt.

Hegel und Schelling haben diesen Fehler eingesehen und das Weltenwerden einerseits nach Analogie des Gedankenfortschritts, andererseits nach Analogie der Naturentwicklung erklärt. Dies ist nur insofern ein Fortschritt über Spinoza als der Vorgang dadurch realisirbar wird im Vorstellen. Erklärt haben Schelling und Hegel das Weltenwerden ebensowenig wie Spinoza

Der Uebergang aus dem Sein dem Wesen nach zu dem Sein der Existenz nach oder, wie es Aristoteles nennt, aus dem Sein der Möglichkeit nach zu dem Sein der Wirklichkeit nach, wie wir ihn uns auch immer denken mögen, setzt voraus, dass in dem Sein dem Wesen nach eine Veränderung eintritt. Wenn keine Veränderung eintreten würde, würde das Sein dem Wesen nach ewig das Sein dem Wesen nach bleiben. Was bewirkt diese Veränderung? Das Räthsel bleibt, ob ich sage, die Welt ist aus Nichts erschaffen, oder ob ich irgend welche anderen Redensarten gebrauche.

Aristoteles hat das metaphysische Programm aufgestellt. Die nachfolgenden Philosophen mit Ausnahme von Hume und Kant (wenigstens dem werthvollsten Theile seiner Philosophie nach) haben es ausgeführt.

[13]) Die Thatsache der Einheit der beiden Attribute Denken und Ausdehnung in der einen Substanz spottet jeder näheren Erklärung und niemandem ist es bisher gelungen, diese Thatsache nur in etwas begreiflicher zu machen! Was hat K. Fischer mit der Erklärung, dass die Attribute Kräfte sind, erklärt? (l. c. p. 366.) Nichts! Ich nehme an, dass diese Erklärung im Geiste Spinoza's ist. Ist die Einheit zweier in entgegengesetzter Weise wirkenden Kräfte nicht in gleicher Weise unbegreiflich?

Wir wollen jedoch hinzufügen, dass durch die Annahme K. Fischer's die Lehre des Spinoza in eine ganz bedenkliche Nähe zu der Lehre des Leibniz gerückt wird, denn das Charakteristische der Monaden des Leibniz liegt eben darin, dass sie Kraftcentren sind. Der Unterschied der Philosophie des Leibniz von der Philosophie des Spinoza ist aber ein so grosser, das er kaum grösser gedacht werden kann. (vgl. darüber R. Zimmermann Leibniz und Lessing l. c. p. 131 sq. Abg. a. d. Maih. der Sitz.-Ber. d. phil.-hist. Cl. d. k. Ak. d. Wiss. zu Wien 1855 XVI. Bd.

Um die Methode der philosophischen Forschung näher zu beleuchten, wollen wir auf die verschiedenen Erklärungsversuche der Natur der Attribute eingehen.

Die eine Gruppe von Erklärungsversuchen geht von der Ansicht aus, dass das Attributproblem überhaupt lösbar ist. Die Worte des Spinoza müssen nur richtig verstanden werden, um als Lösung anerkannt zu werden. In diese Gruppe gehören die Erklärungsversuche von K. Fischer, J. E. Erdmann, Volkelt, Trendelenburg. Die zweite Gruppe von Erklärern, zu welcher Wahle und Thomas zu rechnen sind, lässt es unentschieden, ob das Problem lösbar ist. Sie setzt an Stelle der Philosophie Spinoza's eine ihm ganz fremde Philosophie. Windelband endlich gibt zu, dass das Problem unlösbar ist. Er sucht dagegen die Frage zu beantworten, wie ist es psychologisch zu erklären, dass Spinoza diese Meinung haben konnte.

J. E. Erdmann (Grundriss der Geschichte der Philosophie 2. B., S. 57 - 62) erklärt die Attribute als subjective Anschauungsformen, denen keine objective Realität in der Substanz zukommt. Diese Ansicht ist aus 2 Gründen unrichtig.

1. Spinoza sagt ausdrücklich, (I pr. 10 schol. pr. 20 dem.) die Substanz besteht (constare) aus ihren Attributen. 2. Der Ontologismus des Spinoza lehrt percipi = esse. Alles, was erkannt wird, hat objective Realität, demnach auch die Attribute.

Dagegen nimmt K. Fischer (l. c. p. 359) die objective Realität der Attribute in der Substanz an. Diese Ansicht ist richtig. Unrichtig ist aber die Erklärung der Attribute als Kräfte, um die Einheit derselben in der Substanz begreiflich zu machen.

J. Volkelt (Pantheismus und Individualismus im Systeme Spinoza's p. 41) findet beide Ansichten in der Ethik des Spinoza begründet. Nach Joh. Volkelt ist der Grundwiderspruch der Ethik der Widerspruch zwischen dem Princip der Immanenz, nach welchem das Sein der endlichen Dinge in der Substanz begründet ist und sich daraus entwickelt und dem Princip der abstracten Identität, nach welchem in der Substanz keine Unterschiede sind und in Folge dessen auch keine Entwicklung aus der Substanz. In der Lehre von den Attributen zeigt sich dieser Widerspruch an einem besonderen Falle. Nach dem Princip der Immanenz haben die Attribute objective Realität in der Substanz (K. Fischer). Nach dem Princip der abstracten Identität haben die Attribute keine objective Realität in der Substanz (J. E. Erdmann). Diese Ansicht ist insofern ein Fortschritt über die Ansichten von J. E. Erdmann und K. Fischer als sie dem Sachverhalt in der Ethik mehr gerecht wird. Es kommen Stellen vor, wo die eine Ansicht gelehrt wird und andere Stellen, wo die andere Ansicht gelehrt wird. Diese Unsicherheit hat aber ihren Grund in der Unfähigkeit des Pantheismus, die Vielheit zu erklären.

Nach Trendelenburg (Historische Beiträge zur Philosophie Bd. III, p 366—371) verhalten sich die Attribute der Substanz zu der Substanz, wie die verschiedenen Definitionen eines Dinges zu dem Dinge. Diese Erklärung wiederholt die Ansicht Erdmanns mit anderen Worten.

Zu der zweiten Gruppe gehört vor allem Wahle. (Ueber das Verhältnis zwischen Substanz und Attributen in Spinoza's Ethik. Sitz.- Ber. d. k. Ak. d. Wiss. i. Wien phil. hist.-Cl., Bd. 117, II. VIII). Nach ihm lehrt Spinoza »Das Wesen des Alls besteht reell in bewegter Materie (I. Lehrs. 15)« (p. 16.) Die Stelle, auf die sich Wahle beruft, lautet in der Uebersetzung Auerbach's (B. de Spinoza's sämmtliche Werke übers. v. B. Auerbach 2. A.) »Alles was ist, ist in Gott, und nichts kann ohne Gott sein oder begriffen werden.« Dann müsste aber jeder Pantheismus Materialismus sein. Wie sich Wahle dann die »Betrachtungszusätze« des Geistigen und Materiellen, die den Attributen entsprechen sollen, denkt, nachdem er einmal die Materie als das wahrhafte Sein Spinoza's erklärt, ist mir aus der Abhandlung nicht recht klar geworden.

Thomas (Spinoza als Metaphysiker 1840) erklärt, dass Spinoza Pluralist gewesen ist. Die von Spinoza gelegentlich ausgesprochene Ansicht, dass die Substanz unendlich viele Attribute besitzt, wird dahin gedeutet, dass die zahllosen Attribute zahllose Substanzen sind. Diese Ansicht ist so falsch, dass sie eigentlich eine Widerlegung gar nicht verdient.

Endlich ist die Ansicht Windelband's zu erwähnen. Nach einer Kritik der abweichenden Ansichten sagt derselbe (Geschichte der neueren Philosophie I, p. 205): »Dagegen erklärt sich Spinoza's ganze Attributenlehre, sobald man jene geometrische Analogie festhält. Die Gottheit Spinoza's ist der metaphysische Raum von unendlich vielen Dimensionen. Sie »besteht« aus diesen Attributen ebenso wie der geometrische Raum aus seinen drei Dimensionen, beide aber nicht etwa so, dass die Dimensionen etwas Selbständiges wären, aus denen sich das Ganze erst zusammensetzte, auch nicht so, dass sie gesonderte Kraftäusserungen des Ganzen vorstellten, endlich auch nicht so, dass sie nur die verschiedenen Seiten einer von aussen herantretenden Betrachtung bildeten, sondern vielmehr so, dass die Anschauung des Ganzen in diesen verschiedenen Dimensionen das wahre Wesen desselben erschöpft, und dass das Wesen nicht ohne die Attribute, die Attribute nicht ohne das Wesen sein und erkannt werden können.«

Dies ist keine Erklärung des Attributproblems, sondern eine psychologische Erklärung des Umstandes, warum das Attributproblem, obwohl es unlösbar ist, doch als lösbar von Spinoza angenommen wurde.

Die berührte Frage ist so recht ein Beispiel davon wie wenig exact die Resultate der historisch-philosophischen Forschung oft sind. Und doch könnten dieselben bis zu einem gewissen Grade auf Exactheit Anspruch machen. Der Historiker der Philosophie hat drei Aufgaben zu erfüllen 1. eine historische im engeren Sinne 2., eine exegetische 3. eine philosophische.

Die historische Aufgabe besteht darin, die Geschichte des Problems bis zu dem Philosophen, auf den man näher eingeht, darzulegen, also in unserem Falle die Fragen zu beantworten: Was hat Aristoteles, was haben die Scholastiker, was hat Descartes über das Attribut gelehrt. Die philologische oder exegetische besteht darin, die einzelnen Aeusserungen des Philosophen über das Problem zu prüfen und eine möglichst genaue Wiedergabe der darin niedergelegten Ansichten mit allen etwaigen Widersprüchen zu geben. So weit kann die philosophische Forschung einen bestimmten Grad von Exactheit erreichen. Die eigentliche Aufgabe des Philosophen wird aber niemals exact gelöst werden können. Diese besteht darin, das Princip der Philosophie eines bestimmten Philosophen aufzusuchen und unabhängig von den Widersprüchen und dem Wortlaut der Werke des Philosophen aus dem Princip und aus dem Material, das die Philosophie darbietet, eine Weltanschauung als einen Beitrag zu der Naturgeschichte des menschlichen Gemüths aufzubauen.

Mit dem Verständnis für das Princip einer Philosophie verhält es sich ebenso, wie mit dem Verständnis für Religion und Kunst.

Der eine hört eine Predigt, in welcher das Leben Christi mit schlichten Worten dargestellt wird. Plötzlich erkennt er das tiefste Innere seiner Natur. Christus wird ihm der Weg zum eigenen Innern. Er vereinigt sich so mit Christus, dass er jubelnd sagt: »Ich in Christus, Christus in mir,« (Gal 2, 20) ohne jede Rücksicht darauf, dass Christus vor 2000 Jahren gelebt, und dass die historischen Verhältnisse jetzt ganz andere sind. Das Wort der Schrift hat für seine Wahrheit den Beweis des Geistes und der Kraft (1. Cor. 2, 4) erbracht. Ein anderer findet darin frommen Unsinn.

Oder es betritt jemand den Musiksaal und hört zum ersten Mal die Eroica von Beethoven. Eine ganz neue Welt, eine neue Offenbarung geht ihm auf beim Hören dieser ewigschönen Töne. Er gräbt aus den Tiefen dieser Tonwelt immer neue Schätze heraus und findet doch, dass sie unermesslich ist.

Ein anderer findet gar nichts.

Ebenso bei der Ethik. Der eine findet in der Ethik eine Sammlung von spitzfindigen Begriffsbestimmungen, die man so einfach wie möglich erklären soll, um sie alle unter einen Hut zu bringen.

Der andere findet in den todten Begriffen das eingedämmte Bett eines Meeres von Gedanken, die rastlos das Innere der Menschheit durchwühlen.

Man hat oft von einer transscendentalen Methode der Philosophie gesprochen. Der Verfasser vermag darunter nichts anderes zu verstehen, als die Methode, die der Künstler unbewusst anwendet, wenn er die Werke, die er schafft, fühlt. oder die Methode, nach welcher der religiöse Mensch das Sein von dem Standpunkte einer Centralanschauung aus (im Christenthum von der Anschauung des Lebens einer historischen Persönlichkeit aus), die ihm seine Religion bietet, anschaut. Kant hat die Resultate seiner Philosophie auf keinem anderen Wege gefunden als Spinoza.

[14]) F. Benedicti de Spinoza opera quotquot reperta sunt recogn. J. v. Vloten et J. P. N. Land 1882. Pars II, pr 13 schol. »quae omnia (sc. reliqua individua) quamvis diversis gradibus animata tamen sunt.«

[15]) P. III pr. 2 schol (p. 128)
[16]) P. II pr. 17. schol.
[17]) II Ax. 3.
[18]) II pr. 7.
[19]) II def. 3.
[20]) II pr. 15.
[21]) II pr. 11 pr 13.
[22]) II pr. 23.
[23]) II pr. 21. schol.
[24]) II pr. 12.
[25]) II pr 13 pr. 14. schol.
[26]) I ax. 4.
[27]) II pr 24—26.
[28]) II pr 34—35.

Philosophische Werke
aus dem Verlage von
Wilhelm Braumüller, k. u. k. Hof- und Universitätsbuchhändler in Wien.

Lichtenfels, Dr. Johann Ritter von, weil. k. k. Regierungsrath, Professor der Philosophie an der k. k. Universität in Wien. **Lehrbuch zur Einführung in die Philosophie.** Allgemeine Einleitung. — Psychologie. — Logik. — Fünfte Auflage. gr. 8. 1863. 2 fl. — 4 M.

Loewe, Dr. J. Heinr., Professor der Philosophie an der k. k. Universität in Prag. **Über den Begriff der Logik und ihre Stellung zu den anderen philosophischen Disciplinen.** 8. 1849. 50 kr. — 1 M.
— — **Johann Emanuel Veith.** Eine Biographie. Mit dem Bildnisse Veith's. 8. 1879. 2 fl. 50 kr. — 5 M.
— — **Lehrbuch der Logik.** gr. 8. 1881. 3 fl. — 6 M.

Reichlin-Meldegg, Dr. Carl Alex. Freiherr von, o. ö. Professor der Philosophie an der Ruprecht-Carls-Hochschule in Heidelberg. **System der Logik nebst Einleitung in die Philosophie.** Zum Gebrauche bei akademischen Vorlesungen und zum Selbstunterrichte. gr. 8. 1870. 5 fl. — 10 M.

Reinkens, Dr. Josef Hubert, Bischof, früher Professor an der k. Universität in Breslau. **Aristoteles über Kunst, besonders über Tragödie.** Exegetische und kritische Untersuchungen. gr. 8. 1870. 4 fl. — 8 M.

Stricker, Dr. S., o. ö. Professor der allgemeinen und experimentellen Pathologie an der k. k. Universität in Wien. **Studien über das Bewusstsein.** gr. 8. 1879. 1 fl. 20 kr. — 2 M. 40 Pf.
— — **Studien über die Sprachvorstellungen.** Mit 3 Holzschnitten. gr. 8. 1880. 1 fl. 50 kr. — 3 M.

Wahle, Dr. Richard, Privatdocent für Philosophie an der k. k. Universität in Wien. **Das Ganze der Philosophie und ihr Ende.** Ihre Vermächtnisse an die Theologie, Physiologie, Aesthetik und Staatspädagogik. Mit 60 Figuren in Holzschnitt. Lexicon-Octav. 1894. 6 fl. — 10 M.

Zimmermann, Dr. Rob., k. k. Hofrath, o. ö. Professor der Philosophie an der k. k. Universität in Wien. **Leibnitz's Monadologie.** Deutsch mit einer Abhandlung über Leibnitz's und Herbart's Theorien des wirklichen Geschehens. 8. 1847. 1 fl. — 2 M.
— — **Das Rechtsprincip bei Leibnitz.** Ein Beitrag zur Geschichte der Rechtsphilosophie. 8. 1852. 50 kr. — 1 M.
— — **Über das Tragische und die Tragödie.** Vorlesungen, gehalten zu Prag im Frühjahr 1855. 8. 1856. 2 fl. 50 kr. — 5 M.
— — **Aesthetik.** 2 Theile. gr. 8. 1858. 1865. 11 fl. 50 kr. — 23 M.
— — **Philosophische Propädeutik.** Prolegomena. — Logik. — Empirische Psychologie. — Zur Einleitung in die Philosophie. Dritte Auflage. gr. 8. 1867. 3 fl. — 6 M.
— — **Philosophie und Erfahrung.** Eine Antrittsrede, gehalten am 15. April 1861. gr. 8. 1861. 30 kr. — 60 Pf.
— — **Studien und Kritiken zur Philosophie und Ästhetik.** 2 Bände. gr. 8. 1870. 6 fl — 12 M.
— — **Ungedruckte Briefe von und an Herbart.** Aus dessen Nachlass herausgegeben. Mit Unterstützung der kaiserlichen Akademie der Wissenschaften in Wien. Mit 2 Facsimiles. gr. 8. 1877. 1 fl. 50 kr. — 3 M.
— — **Anthroposophie im Umriss.** Entwurf eines Systems idealer Weltansicht auf realistischer Grundlage. gr. 8. 1882. 3 fl. — 6 M.